内なる叡智があふれ出す

オーラに刻まれた「人生の書」

透視リーダー
井上真由美
Inoue Mayumi

大和出版

あなたは、自分の人生に満足していますか？

結果を残すため、
責任を果たすため、
誰かを守るために、
自分のことは二の次にして、
いつか報われることを信じ、頑張っているかもしれませんね。

でも残念ながら、幸せな人生は、
我慢をすれば得られるものではありません。
「こうすることが、私自身の幸せで、自分が望んでやっている」
と堂々と言えることが必要なのです。

あなたには「自分の望むことを選択する自由」があります。
でもこれまで、そのための選択肢を選べなかったとしたら、
「幸せになるのが、恐かった」からかもしれません。

幸せになるのを恐れるなんて、
ありえないと思いますよね。
でもそれを選んでしまえば、あなたの今が変わってしまいます。
良くなることだとしても、知らない世界を生きるのは、
やっぱり怖いのです。

ここであなたにお伝えしたいのは、
あなたが思っている以上に、
人生は慈愛に満ち、
あなたらしく生きるための用意がされてあるということ。

そして、驚くほどさりげない出来事を合図に、
一変することがあるということ。

運とは、その合図に気がつけるかどうかなのかもしれません。

今、あなたには、その合図が送られています。
望むものを選択する少しの勇気が、きっかけになるはずです。

新しい何かを選択すれば、
今より必ず、成長しているあなたがいます。

今までと変わっていい。
成長していい。
幸せになっていい。
変わった後のあなたを、見てみたいと思いませんか？

新しい人生を歩むために、
本書を手に取ったあなたが、
その一歩を踏み出すのを応援しています。

はじめに 「望む人生」はオーラを変えることで手に入る

あなたは自分自身を、どれくらい知っているでしょうか。

「あなたについての説明をしてください」と言われたら、あなたは自分の何について語りますか？


今着ている洋服についてでしょうか？

学歴についてでしょうか？

それとも、家族構成？

もしくは最近あった嬉しかったこと、過去の悲しい思い出についてでしょうか？

いえ、もう少しオープンハートに、ひそかに抱いている夢について語ってしまうかもしれませんね。

では、「もっと詳しく教えてください」と言われたら、どうですか？

自分のことを全て語るには、何日もかかってしまうかもしれませんね。

それに、どんなに言葉を尽くしても、「それも自分だけど、それだけじゃない」という感覚が残ることでしょう。


一方で、初対面の人に、自分のことをまだ何も話さないうちから、「あなたは『いかにも◯◯』って感じね」と職業や趣味を当てられたり、「君になら任せられる」といきなり大きな仕事をもらえたりしたことはありませんか？

またあなたにも、出会ってすぐに「この人とは気が合いそうだ」と思った経験があるのではないでしょうか。

そして、そういった時の方が「自分のことをわかってくれている」と感じるのは、なぜなのでしょう？


実はこれが、**オーラの情報を読んでいる**ということなのです。

オーラは言葉で伝えるよりもずっと早く、一瞬であなたの膨大なデータを語ってしまいます。あなたがどんな人間なのか、〝あなたが知らないあなた〟までも詳細に描き出してしまうのです。

ここで、オーラについて簡単に説明しておきましょう。

オーラとは、人の周りを卵形に取り巻くエネルギーフィールドで、全ての人にあるものです。「人生の書」と言われるくらい、その人についてのありとあらゆる情報を含んでいます。

オーラの中を視れば、あなたが生まれてから現在までに経験した情報だけでなく、過去生から持ち越している課題や、今のエネルギー状態から創造される未来の状況まで知ることができるのです。

また、時期は人や事象によってさまざまですが、オーラの中の状態は、遅かれ早かれ外側に投影され（現実化し）ます。

それは、オーラの中に描かれていたことが、そのままその人の人生になることを意味しています。

つまり、**人生はオーラ次第**なのです。

幸いなことにオーラは変化します。

そして、変化させることができます。

ですから、もし今、あなたが人生に問題を抱えていたとしても、オーラを変えることで、結果を変えることは可能です。

「そんな、都合のいいことができるのだろうか……」

もしかしたら、そう思われるかもしれませんね。

でも大丈夫です。**望めば、オーラは都合よく変えられるのです。**

誰もが自分の人生をより良くしたいと、思っています。

しかし、多くの人は「自分の人生を良くできる」とは、思えずにいるようです。

そして、「良くできると思っていない」という情報をオーラの中に入れることで、見事に「良くならない」という現実を創っています。

「望む人生」に変えるには、あなたが描く幸せの通りに、オーラを変えることが必要です。

私は現在、透視能力を使ったセッションでお客様のご相談にのる〝透視リーダー〟を生業としています。

お客様は、芸能人、政治家、経営者、ビジネスパーソン、主婦、学生、幼児といった、2~80歳までの幅広い方が、北海道から沖縄、海外からもご相談にいらっしゃいます。

本書では、私が透視リーダーとして、のべ7000人のオーラをセッションで透視した事実をもとに、「望む人生」を生きるための「思考やエネルギーの変え方」「人生の創り方」「内観のポイント」をご紹介します。

これらを手にしたほとんど全ての人が、「望む人生」を手に入れていらっしゃるのです。

ものごとがうまく進まない、人生に幸せや希望を感じられないと悩む人は、「望む人生」と「現実の人生」にねじれが起きています。

ねじれとは、あなたがあなたらしさを見失っている状態。

これは、エネルギーワークや内観によって、正すことができます。

そうして、自分自身を取り戻し、今世の使命（課題）を達成できるのです。


「自分らしさを取り戻し、今世の使命を達成する」

それこそが、あなたの全ての情報を知る存在、〝内なる叡智《えいち》〟の望み。

つまり、あなたの「望む人生」だとわかるでしょう。


人生を変えて、使命を達成するには段階があります。

本書を読み進める中で、ワークを難しく思ったり、厳しいことを言われているように感じたりする項目があるかもしれません。

しかし、そんな時こそ人生の変わり目、本当の自分に出会う脱皮の時です。

どうか、ご自分の状態を知ることを恐れないでください。


これは、私自身も経験があります。

人に指摘されたことをフラットな気持ちで聞けない時、先生のアドバイスに過剰反応して勝手に落ち込んだ時、私のオーラの中には、罪悪感やトラウマのエネルギーが、痛みとして入っていました。

でも、**痛みは、オーラを浄化する好機**です。

人生を邪魔するエネルギーがオーラの中にあると、内なる叡智が痛みとして教えてくれるのです。


自分を知るにつれ、オーラの浄化が進み、エネルギーが高波動に変わります。

すると、自分にとって不要なエネルギーにも気づきやすくなるので、「もうこれは私の人生に必要ない」と手放します。そうすれば、オーラの中の空いたスペースに、

「望む人生」が引き込まれます。

こうして創られたオーラの中の状態が、やがて外側に投影され、人生が変わるのです。

どうかあなたの人生を変える方法を知ってください。

あなたが本当に変わりたいと思うのであれば、変えられます。

本書が、望む人生を手に入れる種《たね》となれば、著者としてこの上ない喜びです。

井上真由美

オーラに刻まれた「人生の書」　目次

第2章

天職と豊かさの関係

第3章

人間関係は、オーラの中の愛に比例する

第4章

肉体は、魂の乗り物

第5章

お金は、エネルギー

ブックデザイン　和全(Studio wazen)
DTP　一企画

第1章

決めれば、叶う

まず、「幸せになる」と決めることから

幸せになるためには、まず、「幸せになる」と決めてください。

このことがどれほど重要かわかっていないと、無防備に「恐れ」や「不安」といったエネルギーをオーラの中に入れてしまいます。

オーラは透視リーダーにとって、「人生の書」と呼べるくらい、その人を知ることができるものです。

オーラの持ち主が、**今までどのように生き、何を考え、これから先に何が現実化するのかを、オーラの状態から知ることができます。**

「そうは言っても、私はオーラを視ることはできないし……」とお思いかもしれません。ですが、そんなことはありません。

オーラが視えないと思っている人でも、**「印象」**として感じています。

「あの人は優しそうだ」「あの人はイヤなことがあったのだろう」など、説明されなくてもエネルギーを受け取り、オーラを読んでいるのです。

また、**オーラの中に入っているものは、それが良い悪いにかかわらず、やがて現実化します**（透視リーダーがセッションをするときには、オーラの中のエネルギーを視て、やがてそれが現実になることを指摘します）。

このことも、「オーラは視えない」とおっしゃる一般の人も、実は経験しています。

たとえば、いつも同じパターンの失恋をする場合です。このとき、オーラの中に過去の失恋のエネルギーが残っています。

その失恋の意味を学んでクリアしない限り、失恋のエネルギーがオーラの中から消えないので、それが磁石のようにまた同じ現象を引き寄せます。

やがてオーラの中に失恋のエネルギーが定着し、他人からも「恋愛下手そうだね」と言われる雰囲気を発してしまうのです。


このように、人はオーラの中のエネルギーに影響を受けながら、人生を創っていることになります。ですから、オーラの中にどんなエネルギーを入れているのかが、非常に重要なわけです。


「オーラの中に入れる」とは、簡単に説明すると、**注意を向けること**です。

集めたいと思った情報や事象のエネルギーは、瞬時にオーラの中に入ります。

こだわっている過去のことや、不安に思う未来のことも、「注意を向けている」からオーラの中に入るのです。

「注意を向けていることが入ってくる」

それはまるで、窓を開けたら部屋に風が入るように簡単に起こります。

次のことを一緒にやってみてください。

✦「好き」だと思う物、こと、人を五つ探します
✦「嫌い」だと思う物、こと、人を五つ探します

……探せましたか？

今探していただいたあなたの五つの好き嫌いは、あなたのオーラの中に入っています。すでに現実に存在していることだったり、知っていることだったりするはずです。

私たちは普通に生活しているだけで、たくさんの情報にさらされています。ニュースやインターネット、ＳＮＳといった情報源から、**自分がどんなエネルギーを得ているかに、意識を向けて欲しい**のです。

もし、「恐れ」や「不安」をオーラの中にたくさん入れていたら、人生の大半を「恐れ」と「不安」に対処するために費やしてしまうことになるでしょう。

本来、誰もが幸せになりたくて生きているはずです。

それなのに、自分自身を「恐れ」や「不安」に陥れるものをオーラの中に入れているせいで、それが現実化してしまったとしたら……。そんなのイヤですよね？　本意ではないはずです。

それならば、**「幸せになる」と決め、オーラの中を「幸せになるためのエネルギーだけで満たす」と決めてください。**

しかし、案外「自分の幸せが何なのかがわからない」と言う方が多いのです。

そこで、「オーラを幸せになるためのエネルギーだけで満たす」コツを紹介します。

私のセッションでは、初めていらした方には必ず、

「今日いらした目的と解決して帰りたいことは、何ですか？」

と伺います。「幸せになる」と決めていないと具体的には答えられない質問です。

仮にお客様が、「経済的に豊かになりたい」とおっしゃったとしましょう。

豊かになりたい理由が、「老後が心配だから」であれば、オーラの中に入れているエネルギーは「恐れ」です。「恐れ」の情報が集まり、恐れたことが現実化します。

しかし、「老後に世界一周をしたい」という理由であれば、オーラの中に入れているのは「自分を喜ばせてあげたい」という、幸せになるためのエネルギーです。

自分を幸せにする方向に意識を向け続けることが、オーラの中を「幸せになるためのエネルギーだけで満たす」ということですし、世界一周旅行ができるほどの経済力と健康を得るための情報が集まり、やがて現実化します。

「心配な状況」ではなく、「幸せな状態」を考えましょう。

そして、間違えてはいけないのは、隣の芝生ではなく、自分にとっての幸せを見て決めることです。

まとめ

「幸せになる」と決めたエネルギーが磁石となり、現実を引き寄せます。

運気上昇は、言霊が先

もし私がお客様に、「とにかく早急に運気を上げたい」と言われたなら、「まず、使う言葉を徹底的にポジティブにしてください」とお伝えします。

口に出す言葉はもちろん、頭の中でつぶやく言葉も同様です。

「あっさり願望を叶える人」と「なかなか叶えられない人」の差は、使っている言葉の違いと言っても過言ではありません。

その差は、とてもわかりやすく人生に現れます。

私は仕事柄、老若男女問わずさまざまな職業の人にお会いしますが、ネガティブな発言が頻繁に出る方で、幸せや成功が持続している人を見たことがありません。

言葉が持つ力は、皆さんが思っている以上に、絶大です。

言葉のエネルギー（言霊）は、目や耳から入って、オーラの中に広がります。オーラの中の状態はやがて現実化しますから、見たり、聞いたりした言霊によって、オーラが影響を受け、実生活にまで影響をおよぼします。

つまり、良い言葉は良い現実を引き寄せ、悪い言葉は悪い現実を引き寄せるのです。

もっと端的に言ってしまえば、**自分の生活もその言葉に見合った状態になる**ということです。

ゴシップネタや誹謗中傷といった、ネガティブな言葉を見たり聞いたり話したりしていれば、自身の生活も荒れてきます。

くれぐれも触れる情報には注意し、選ぶことが必要です。

一つ、お客様の例を紹介しましょう。

素直で謙虚な性格のA様は、半年に一度、対面セッションに来てくださるリピーター様です。

透視リーディングのセッションというのは、**「人生をショートカットできる」と言われるくらい霊的成長が早まります。**

ですから、次のセッションにも同じ問題でいらっしゃる方は、珍しいことです。

しかし、A様の場合は、ピカピカのオーラ&ニコニコの笑顔でお帰りになっても、半年後にお会いすると、前回のオーラに戻ってしまっていることが3回続きました。

セッション直後は、「また前向きになれました！」とメールでご感想までくださるにもかかわらずです。

不思議に思った私は、A様のハイアーセルフに、

「セッション後、A様に何が起きているのですか？」

と聞いてみました。

　すると、Ａ様のハイアーセルフは、

「この人は、ネガティブなつぶやきを毎日してしまうのです。特に『でも』『どうせ』『だって』『無理』の頻度が高い」

と教えてくれました。

　Ａ様に、ハイアーセルフが教えてくれたことをお伝えしたところ、

「ああ！　はい、そうです！　独り暮らしだからか、しょっちゅう『でも』『どうせ』と言ったり、思ったりしていました！　やだぁ、恥ずかしい」

と気づき、直してくださったので、そこからは繰り返しのループを脱しました。


　悩みやすい方・波動が落ちやすい方・〝引き寄せ〟が難しい方というのは、そうでない方と比べて、悩みやすい言葉・波動が落ちやすい言葉・〝引き寄せ〟が実現しにくい言葉を使っている時間が長いのです。

　ポジティブな言葉にはヒーリング効果があり、逆にネガティブな言葉には、たちま

ち波動を下げ、パワーを奪う作用があります。
ネガティブな言葉を使う回数が、ポジティブな言葉を上回れば、運気が落ちるのは当たり前。それはまるで、代謝カロリー以上に摂取カロリーが多いと、太ってしまうことと同じくらいにわかりやすい原理です。

人生は繰り返した言葉の通りになっていきます。
言葉が変われば、波動が変わり、オーラ全体が変わります。
やがてオーラの外側である人生も、言葉と釣り合ったものになっていくでしょう。

まとめ

言葉は、人生を左右する呪文になるのです。

直感は、衣食住の安定ありき

直感を働かせたいのであれば、衣・食・住の安定が先決です。

「衣食住足りて礼節を知る」ということわざがありますが、直感も同様です。安全で快適な住環境と健康な肉体を保つための豊かさが、安定的に供給されているほど、直感を受け取りやすくなります。

私たち人間には、「チャクラ」と呼ばれるエネルギーセンターがあります。

肉体にあるチャクラの数は、経絡《けいらく》のツボと同じくらい多数あると言われていますが、主要なものは、背骨沿いにある７つのチャクラです。

１～７のチャクラそれぞれに司るエネルギーがあり、全てのチャクラがバランスよく活性化しているのが理想です。そのため、私がお客様にヒーリングをさせていただくときも、この7つのチャクラのバランスを整えます。

そして、**衣食住・肉体を司るのが第1チャクラ**です。第1チャクラは、背骨の基底《きてい》部にあり、ここの状態が悪いと、この世での自己実現は困難なものになります。

しばしばスピリチュアルに興味がある人は、「直感力を鍛えよう！」「宇宙や神様からの情報を受け取ろう！」と、眉間にある第6チャクラや頭頂にある第7チャクラといった〝霊的な情報を司るチャクラ〟を活性化させようとします。

ですが、第1チャクラが整っていなければ、それは叶いません。

なぜなら、人間である以上、肉体を身にまとっているわけですから、第1チャクラ（衣食住・肉体）をないがしろにしたまま、（より霊的な力の強い）第6、第7チャクラだけで願望成就はありえないのです。

つまり、**第1チャクラの状態が、人生の質を左右する基礎**となります。

まずは、肉体を安心させてあげることに注力してください。

これは笑い話ですが、良い例だと思いますのでご紹介しておきます。

病院嫌いのお客様から「ちゃんと治療した方が良いですよね⁉」とご相談されたことがありました。直感力や高次元からの情報を受け取りたいとおっしゃる方です。

「人間である以上、肉体の声は優先した方が賢明ですよ。歯やお腹が痛いのに直感が冴えると思いますか？　笑」とお答えしたところ、お客様も笑いながら「そうですよね、病院に行ってきます」と納得してくださいました。

もし「最近、直感が冴えない」という状態が続いているようでしたら、衣食住の状態を見直してみてください。

まとめ

直感が冴えない停滞期は、衣食住・肉体の見直しを。

独立・起業とエネルギーバランス

脱サラするなど、収入源を変えようとするときも、第1チャクラの状態に注意が必要です。

終身雇用が崩壊し、独立・起業や副業を始める方が増えました。

これ自体は、**「今世のうちにたくさんの経験を通じて魂を磨く」**という、スピリチュアルで言うところの〝霊的成長〟に繋がり、歓迎すべき潮流だと思っています。

しかし、ここでも大事なのが、先の項で述べた第1チャクラです。

経済的な不安があれば、直感が働かなくなりますから、まずはリスクヘッジをし副業として始めたり、アルバイトを掛け持ちしたりするなど、できるだけ第1チャクラ（経済面）のバランスを崩さないように緩やかに移行することをお勧めします。

経済的な不安が大きいまま、勢いに任せて始めてしまうのは、第1チャクラの状態を乱すだけです。

「やりたかったことを小さく始めてみよう」というベイビーステップから動き出すと、不安感や焦燥感もなく、かつ「楽しい」という高波動のエネルギー状態を保っていられます〈楽しい感情〉。

すると、高い波動の情報や直感を得ることができ、結果的に失敗が少なく、スムーズに自己実現が叶います〈楽しい状況〉。

〈楽しい感情〉は〈楽しい状況〉を呼び寄せます。なぜなら、〝同種のエネルギー〟は引き合うからです。

私も副業を持ちながら、透視リーダーとしての仕事を始めました。

そして、「経済的に不安だ」という低いエネルギーよりも、「やりたいことをやれて楽しい」という高いエネルギーの方が常に上回るように意識しました。

仕事を掛け持ちし徐々に移行したので、不安感もなければ、自信や勇気が必要だったという記憶もありません。

もちろん、運の要素も大きく影響するでしょう。

この運の良さにおいても、独立・起業をするなら、やはり第1チャクラの状態を大きく乱さないことで、運を取りこぼさず、スムーズに進みます。

まとめ

独立・起業に必要な資質は、自信や勇気よりも、「楽しい」という高波動のエネルギーを保てるかどうかです。

「利他」には準備が必要

りーた【利他】

①自分を犠牲にして他人に利益を与えること。他人の幸福を願うこと。↔利己。

②〔仏〕（阿弥陀仏が）人々に功徳・利益を施して済度《さいど》すること。

出典『広辞苑』

あなたは、自分でいることを十分に喜んでいますか？

ＹＥＳと言えないのであれば、利他の前に、自分で自分に愛情をかけてください。

そして、スピリチュアルでよく言われるところの「与えたものが受け取るもの」も、一旦、脇に置きましょう。

なぜなら、**自分が十分に満たされないうちに、無理に利他に生きようとすると「取引」をしてしまう**からです。

「与えたら受け取れるんだ」と思ってしまう状態は、利他ではないですよね。

他人に利益を与えるには、自分が与えるものを十分に持っていなければいけません。

それは、あなたが自分を先に愛していないと、人の愛し方がわからないということでもあります。

では、どうすればいいでしょうか？

ここでもその答えは、オーラを変えることと言えます！

繰り返しになりますが、オーラの状態が人生を創ります。

ですから、オーラが**自分を愛するエネルギーで満ちてさえいれば、黙っていても愛**

が外側に現れ、他者に愛を与えることができるようになります。

もっと言ってしまうなら、オーラというのは混ざりますので、あなたがただ自分のオーラを幸せで満たしていれば、**あなたが存在しているだけで、身近な人を幸せにすることが可能になる**のです。


とはいえ、「オーラが大事だと言われても、目に見えないから全然わからない。実感がわかない」という方もいらっしゃるでしょう。

たとえば、ビッグアーティストのライブに行ったことがある方は、想像がつくのではないでしょうか。

人は、無意識下でも高い波動のオーラに、自分のオーラを合わせようとします。

何千人、何万人が参加する広いライブ会場でも、たった一人のアーティストのエネルギーだけで観客全員のエネルギーを引っ張り上げることができます。それは、観客がアーティストの高い波動のオーラに合わせようとするからです。

その際、観客は、とてもワクワクと高揚するエネルギーを感じているはずです。

パワースポットと言われる場所も、そこがあなたにとって本当のパワースポットであれば、同じことを実感できます。


人は、幸せを感じながら不足を思うことはできません。

幸せを感じ続けているほど、オーラに愛が満ちていきます。

つまるところ、一番簡単な利他の準備は、**高い波動のそばにいる**こと。


「高い波動」だと感じるものは人によりさまざまですが、難しく考えることはありません。あなたのお気に入りをたくさん見つけ、そのオーラを感じることです。

人や場所、物もそうです。

肌触りの良いリネンや香り、音楽、食べ物にだってオーラがあります。

私は特に、視覚情報に注意しています。

透視リーダーということもあって、オーラの中に画像で入る情報には神経質です。

ですから意識的に、美しいものを見るようにしています。

オーラの中は自分の部屋と同じ。同居したくないものは、オーラの中に入れないでくださ い。

ちなみに、高い波動の人のそばに行くことを、「エネルギーバンパイア（エネルギーを吸い取る人）になるのではないか」と心配する人がいらっしゃいます。

しかし、エネルギーバンパイアは、相手をコントロールしようとする時（好かれよう・独占したい、など）になるものです。

純粋に尊敬の念を示すのであれば、心配する必要はありません。

まとめ

自分で自分を喜ばせることができる人は、他人も笑顔にできます。
まず自分を笑顔にしましょう。

運が良くなる、朝と夜のオーラの整え方

運を良くして人生を充実させたいなら、朝と夜のオーラの整え方を覚えましょう。

女性なら、お肌のために、メイク前の朝のスキンケアと、メイクオフした後の夜のスキンケアを変えている人も多くいらっしゃるのではないでしょうか。

男性でも、起きてパジャマからスーツに着替える時に入るスイッチと、帰宅して部屋着になる時とでは、自然とエネルギーを変化させているはずです。

それと同じように、オーラも朝と夜とでは、整え方が異なります。

朝、出かける前には、その日一日、**自分の才能が最高に発揮されるようにオーラを**

整えます。そして帰宅後は、一日で**得た経験が、明日からの人生に活きるようにオーラを整える**のです。

こうすることで、オーラも人生もキラキラと美しくなります。

事実、運が良い人というのはオーラが輝いているので、「あの人の人生は、キラキラしているね」と言われる現実を引き寄せています。

オーラの中に、オーラを濁す不要なものが入っていないので、人生に邪魔が入らず歩きやすくなります。

では具体的に、朝のオーラの整え方からお伝えしましょう。

◎朝のオーラの整え方

目覚めたらベッドの端や椅子に腰掛け、自分を地球にグラウンディング（接地）させます。

グラウンディングは、イメージの中で、背骨の基底部からエネルギーのコード（グラウンディングコード）を地中へ下ろします。地球の中心まで届くイメージができたら、コードをしっかりと地球の中心に固定します。

もし、グラウンディングする事を忘れてしまった時は、思い出した時点で行います。

グラウンディングは、立ったままでも、歩きながらでも、電車に乗った状態でも行ってＯＫです。

グラウンディングすることで、その日一日の過ごし方が充実したものになります。**自分の中の高次の情報、これを〝内なる叡智《えいち》〟と言います**が、ここと繋がりやすくなるので、チャンスが増えますし、ピンチを回避できるようになります。

何よりも、あなたの**才能を活かして、今回の人生で果たすべき使命を達成しやすくなる**のです。

グラウンディングだけでも、毎日やっている方とそうでない方とでは、**人生で出会う葛藤の数が大きく違ってしまう**でしょう。

人生に葛藤や不安を感じている方は、グラウンディングできていません。これは、この世でうまく生きるスキルを持っていない状態です。オーラの中に不安のエネルギーがあれば、現実の世界でも不安材料を集めてしまいます。

個人事業主のB様は、エネルギーワークをするようになってから、大きな企業から仕事を依頼されたり、謝礼を上乗せした売上をいただいたりすることが増えたとおっしゃっていました。

しかし、グラウンディングを忘れて出かけてしまった日は、電車が遅延したり、落とし物をしたりと、タイミングが悪い状態で一日がスタートしてしまうそうです。

地球と繋がるだけで運が良くなるので、是非、朝のルーティンに加えてください。

◎夜のオーラの整え方

夜は二つのステップがあります。

ステップ1は、軽く目を閉じ、その日一日にあった良いこと、悪いこと全てを思い出します。

誰かと話したことだけでなく、目や耳に勝手に飛び込んできたことや、閲覧したネット情報が思い出される日もあるでしょう。あるいは、その日の出来事よりも、過去の記憶が蘇ってくるかもしれません。

次に、イメージの中で自分の1メートルくらい前方にゴミ箱を作って、今思い出したことを全てそのゴミ箱に入れ、ゴミ箱ごと消去します。パッと魔法のようにゴミ箱を消してもいいし、ボンッと爆発させても構いません。

その日の出来事が繰り返し思い浮かんできたとしても、何度も、何度もゴミ箱に入れて消去してください。繰り返すほど、疲労感がとれ、エネルギーが軽くなるのを感じられるでしょう。

ポイントは、**良かった思い出も捨てる**こと。

捨てて空いたスペースに、また新たな、より良いことが入ってきます。

過去の栄光に固執しない金メダリストは、何度もメダリストになりますが、それと同様のことが、オーラを整えるほど素早くやってきます。

ステップ2はベッドに入って行っても構いません。眠りにつく直前の5分に、叶えたいことをイメージします。できるだけ詳細に毎晩イメージングすることがお勧めです。

寝ている間に、宇宙がその夢を叶えるスタッフを集め、ミーティングを行います。翌日から夢を叶えるための日々が、創られ始めるのです。

「瞑想する時間をちゃんと取れない」と難しく考える必要はありません。これらもオーラが整う瞑想の一つです。

まとめ

朝はグラウンディング。夜はオーラの浄化。このルーティンが人生を最適化します。

何かを貫くのに、何かを諦める

何かを貫くのに、何かを諦める。

こう書くと、とても仰々しい覚悟のように聞こえますが、私たちは、このトレードオフの選択を好むと好まざるとにかかわらず、日々行っています。

最も身近でわかりやすい例は、ダイエットでしょう。

食べたいけど、痩せたいから食べるのを我慢する。

まさしく、何かを貫くのに、何かを諦めるという選択の連続です。

あるいは、二人の女性と付き合っている男性は、関係をオープンにして三人でデートでもしない限り、クリスマスイブの夜はどちらかの女性としか過ごせない。どちらかを選択し、他方を諦めるしかありません。

グズグズしていると、やがて二股がバレ、どちらも失うかもしれません。

もう少し真面目な例では、転職もあるでしょう。

A社は、給料が高く安定しているけれど、やり甲斐はなさそう。B社は、ベンチャー企業で面白みがありそうだけど、家族を養っていけるのか不安という場合です。

このように、人生は選択だらけです。

しかし、どちらかを選んだ後に「後悔した」という声は、案外耳にしません。

なぜなら、後で「得した」と言えるように、つじつまを合わせるからです。

人は後悔しないために、いえ、正確には後悔したと思わないように、その後の人生で、**自分が下した選択に「正解」を無理やりにでも引っ張ってきます。**

これも一つの「引き寄せ」です。

現実の世界で「幸せ」を得るためには、オーラの中に「こっちの選択で幸せになる」というエネルギーを先に創ってしまえばいいのです。

すると、外側の事象は、オーラの中のエネルギーの投影でしかありませんから、「この選択で間違っていなかった。やっぱり幸せになれた」という現実化が起こります。

つまり、どちらを選んでも正解だと思える人生にできるのなら、迷っているより、やってみない手はないのです。

行動や選択を阻むエネルギーは「恐れ」です。**結果ばかりを重視していると、「恐れ」と繋がってしまいます。**

一方で、**行動力を活性化させるのは「好奇心」**です。体験重視は「好奇心」を呼び覚まします。

この世は行動して体験を楽しむ場です。

あなたの「好奇心」はどこにあるでしょうか？

私ごとで恐縮ですが、透視リーダーを自分の職業にすると決める時、成功するかどうかは考えていませんでした。

「グラフィックデザイナーを辞めて、透視リーディングを仕事にしたい」と人に言ったとき、それが生業になると思ってくれたのは、親友の他にはいませんでした。

透視の師匠まで「グラフィックデザインができるというのは、透視能力なのよ。完全に手放してしまうのは、もったいないと思うけど……」と忠告してくれました。

しかし、当時の会社員としてのグラフィックデザイナーという仕事は、残業が多く、とても副業ができる職業ではありません。

私にとっては、まさにトレードオフ。透視リーダーになるならデザイナーは辞めるという選択しかありませんでした。


結果は、もちろん後悔していません。

満足できる業績になったから後悔がないのではなく、透視リーダーを生業とすることを、一日でも自分の人生に残せたことが幸せなのです。

後悔するのは、「あっちもこっちも残せないかな……」と悩んでいるうちに、どちらの価値も有効期限切れになってしまったときです。

まとめ

大丈夫。「やりたい」と思ったことは、後悔しない人生にするための「正解」なのです。

傷つき甲斐は、ある

「歳をとって、心も体もだいぶ丸くなりましたよ！」

なんて言う方がいらっしゃいます。

それは、傷つくたびに角がとれていくからです。ですから、まあるい心を持っている方に会うと、「あ、たくさん削ってきた方だ」と思うのです。

〝まあるい〟とは、ぶつかる部分がないということ。ぶつかる部分がなければ、歩きやすく、生きやすくなります。

何かイヤなことがあっても、**「これで一段と生きやすくなる」と思えば、傷つき甲斐は、ある**のです。

傷ついても学びを得れば、魂は成長します。

実際、オーラの中で起こっていることも一緒です。外側に事象として現れたトラブルは、オーラの中にある問題が、同じ波動のエネルギーを呼び起こしたものです。

それを〝**カルマ（業）**〟と言います。カルマには、良いカルマもあれば、悪いカルマもあります。

オーラの中にあるカルマの影響が外側に現れるのには、時差があります。この**現実化までの時差の間に、オーラの中でカルマを解消することだってできる**のです。

瞑想は、悪いカルマの現実化を未然に防ぐ、最もパワフルなスキルです。

瞑想をすると、オーラの中のカルマに気がつきやすくなります。気がつくことでカルマの意味を学び、魂が成長すれば、その課題はクリア。悪いカルマを解消するために、現実でわざわざ痛い思いをする必要はなくなるのです。

私たちの人生は、一生を通じて、魂を成長させるために使われます。

そうであるならば、オーラの中でカルマを解消すれば、カルマが現実化し、体験するというステップを踏まなくても成長できるようになるのです。

それを積極的に促すのが、透視リーディング（気づき）とヒーリング（浄化）です。根気よく瞑想をすれば、自分でカルマに気づき、解消することができます。

C様は、自分の気持ちをうまく掴むことができず、言葉で伝えること、行動で示すことも苦手だったため、周囲からは「本音が見えない」と言われていました。

元々人柄も温厚で、敵を作ることはありませんでしたが、深く理解し合えるパートナーの存在もまた、ずっと持てずにいらっしゃいました。

誰かとお付き合いすることになったとしても、感情表現が薄いため、やがてはお相手に、「愛情が感じられない」と言われ、別れ話になれば、「相手が別れたいなら、仕方ない」と話し合うこともなかったと言うのです。

そこでC様には、自分の本心を見つけられるように瞑想をしていただき、同時にオーラの中を浄化するセルフワークを日々行っていただくよう、お願いしました。しばらくして、「初めて人を好きになりました。自分の感情に気がつきましたし、電話は苦手だったのですが、パートナーとは毎日電話で話しています。幸せです」とご報告がありました。

もちろん、人は体験を通じて成長します。肉体を通じてしか解消できないカルマもあり、それこそ「傷つき甲斐は、ある」経験です。

しかし、誰の人生も有限で、この肉体でいられる時間には限りがあります。もし、瞑想でカルマを解消でき、その分、今世で成長できることが増えれば、それもまた、「瞑想した甲斐は、ある」と言えるでしょう。

まとめ

瞑想して行動。行動して瞑想。
カルマを解消して人生を豊かにするコツです。

「不幸ぐせ」は拒否できる

幸せな人と不幸な人の差とは、「ものごとの捉え方の差」です。
「幸せな人」は出来事を「学び」と捉えます。
「不幸な人」は「不運な出来事」と捉えます。
ものごとの捉え方を変えれば、人生から不幸や不安は消えてなくなります。
これは、魔法でも気休めでもなく、真理です。

「不幸や不安は、自分がわざわざ見つけている」ものです。
周囲の人、あるいはあなた自身は、いつも同じ問題で困っていませんか？
いつも同じ問題でつまずく人は、他人や環境のせい、ひどい場合は、運のせいにしているかもしれません。

また、自分を責め、自己憐憫《れんびん》に浸ることも理屈は同じです。

「自分のせい」だと思っているだけで「学び」に繋げられなければ、成長がないので、問題は繰り返されます。

全ての出来事は、**魂の成長のために起こるのですから、気がつかなければ、学ぶまで繰り返される**のです。それが「不幸ぐせ」のループです。

では、どうすれば「不幸ぐせ」を拒否できるのでしょうか。

それは、一つひとつを「学び」にすることです。

「学び」と捉えて、魂の成長を遂げるには、どうしたらいいのでしょうか。

一つの方法は、何か出来事があったときすぐに、**「これは何の意味があるの?」と内なる叡智に尋ねること**です。

不快だと感じるのは一度きりで十分ですよね。

何度も不快感を合図にして「学びの内容」を知らせて欲しくないですから、どんな意味があるのか、答えを得られるまでしつこく聞きましょう。

出来事から学ばない限り、同じようなことが繰り返されます。

しかし、尋ねれば、自分の中の叡智は答えをくれます。


ですが、なかなかうまくいかない方もいらっしゃるかもしれません。

その場合のコツは、**感情にのまれる前に聞く**ことです。

または、感情と切り離して、他人事のように聞いてみてください。


感情的になっているとき、オーラの中はノイズがたくさんある状態です。その状態では、静かで小さな叡智の声は聞こえません。

そういった場合、**理想は瞑想し浄化する**こと（浄化の方法は45ページの「夜のオーラの整え方」のステップ1参照）。とりあえず自分の感情はできるだけ脇に置くようにして、起こっていることの意味を内なる叡智に尋ねてみます。

答えがすぐ来なかった場合は、**「わかりやすく教えて」と頼んでおき、ノイズを鎮めながら、三日から一週間くらい待ちましょう。**

答えが来れば、一見不幸ごとに見えていた出来事が一転、「なんだ、ありがたい」という幸福ごとだったと気づかされます。それが魂の成長です。

これを繰り返すうちに、自分の人生に、いつしか不幸が見当たらなくなっていることに気がつくでしょう。

すると、歳を重ねるほど、生きることが上手になります。

なぜなら、学びが増えるほど、「全て必要なことが必要なタイミングで起こっているだけ」と全肯定、全受容できるようになるからです。

まとめ

「不幸」は、学べば「幸せ」に変換できるのです。

今日一日〝誇れる自分〟で過ごす

自分自身を好きになるには、「誇れる自分」でいる必要があります。

そのための大事なポイントは、**「いつか誇れる自分になる」のではなく、「今日一日〝誇れる自分〟で過ごす」ことです。**

「今日一日〝誇れる自分〟で過ごす」と決めた日は、どんなにタイトなスケジュールでも、人からどんな辛辣《しんらつ》な言葉を投げられても、「誇れる自分」を手放さない。

そうすれば、「今日の私は、誇れる自分でした」と言って眠りにつくことができます。そして、日々「誇れる自分」を継続した結果、自分自身を好きになり、ひいては、いつの間にか周囲から尊敬の目を向けられていることに気がつくでしょう。

クライアントのＤ様が、「誇れる自分」を意識し始めてからの変化をシェアしてくださいました。


気がつくと感情的になることがなくなっていました。

以前は、自分の前で自動改札機をサッと通れない人に、恥ずかしながらイラッとしてしまったのですが、今は「私の前ならイライラされないから、この人はラッキーだな」と思える自分がいます。

小さな変化ですが、状況に左右されてイライラする生活でなくなり、毎日が心地良いです。


Ｄ様は「小さな変化」とおっしゃいましたが、これはとても価値あることです。

一人ひとりが心地良さを自分で生み出す社会を想像してみてください。他者に対して寛容であることは、批判や争いのもとを消し、思いやりや平和に貢献していると言えます。

自分の主人は、自分であるべきです。

自分をコントロールするのは、自分の責任です。


今日という日を、どのような自分で過ごすのか、これを決めるのは、朝の情報番組の占いではなく、自分自身の選択なのです。


私たちは、一日中たくさんの選択をし続けています。

その選択の中で、自分で下した決断はいくつなのか、数えたことがありますか？

「今日、会社に出勤しよう」と決めたのは、自分です。

エスカレーターの列で、「お先にどうぞ」と順番を譲ると決めるのも、自分です。

「上司の言うことを聞く」と決めるのも、「お昼は、コンビニで鮭おにぎりを買おう」と決めるのも、「今夜の夕飯は、夫の好物を作ろう」と決めるのも、自分自身です。

自分で決めたなら、イライラすることはありません。

そこには自由意志があるからです。

人が幸せを感じるためには「自由」であることが不可欠です。

「自由」とは、言い換えれば、「選べる」ということになります。

しかし、あまりにも多くの人が、自分が決断し、自分で選択するという自由意志を忘れて過ごしています。

その代わりに、「仕方なしにやっている」「やらされている」という不自由さのエネルギーをオーラの中に入れたまま、イライラしています。

「〜させられた」と思うことが多いほど、幸福感を得る「自由」から離れ、拘束感と不満にまみれた「不自由」な人生になります。

繰り返しますが、今日をどんな自分で過ごすのか、その選択肢は、外側の状況がどうであれ、自分にあるのです。

たとえば、満員電車の車内で、喧嘩をしているサラリーマンは、「満員電車に乗る」と選択したのは自分だ、ということを忘れています。

「押された」とイライラする感情を選んだのは自分だと気づかず、相手に「イライラさせられた」と思っています。

働き方が多様化している時代に、「会社に行く」と決めたのも、「満員電車に乗る」と決めたのも、「給与を得る」と決めたのも自分です。

自分ではコントロールできないお天気でさえも、捉え方は自分次第なのです。

今日一日を「誇れる自分」で過ごす。

それが、誰にも頼らず、今すぐにできる「自分と自分の人生を愛する方法」です。

まとめ

〝誇れる自分〟を選ぶだけで、
人に愛され、運に愛され、自分を愛せます。

第2章

天職と豊かさの関係

やりたいことが見つからない人が落ちた穴

「やりたいことが見つからない」「やりたいことがわからない」と言う人がいます。私自身も、グラフィックデザイナー時代は、「やりたい仕事をしている」と胸を張れなかったので、お気持ちはわかるつもりです。

やりたいことが見つからないのは、穴に落ちているだけです。

穴に落ちていると視野が狭くなります。その狭い世界の中にいるままで、何かを見つけようともがき続けています。

誰かが、あるいは神様が「やりたいことのヒント」を頭上に運んできてはくれないかと待っているのですが、世界が狭いだけに周囲にいる人間も似たり寄ったりで、答えを知る由《よし》もありません。
やがて、自尊心を失い、無力感に苛《さいな》まれてしまいます。
この時にすべきことは、冷静に自分と周囲を眺め、ただ穴に落ちているだけだと知ることです。

穴には、いくつかパターンがあります。

✦挫折の穴――若い時に挑戦したけれど失敗したので諦めた
✦仕事にならない穴――前例がないので仕事になると思っていない
✦収入にならなければ無意味の穴――収入にならなければ時間の無駄だと思っている
✦できるかどうかでしか考えない穴――両親や先生など、信頼する人から、自分のやりたい気持ちよりも先に、失敗を避ける選択を提案されてきた
✦お金が全ての穴――お金がないとできないと思っている
✦自分の好き嫌いがわからない穴――自分の情熱より、世間の評価が正解だと考える

落ちた穴は一つではないかもしれませんし、他にも穴があるかもしれません。
いずれにしても、**今の思考レベルを超えて、狭い世界を出る**必要があります。

その次元を超えるのに、万能な質問があります。

「何の制限もなく好きなことができるとしたら、何をしたい？」

と聞いてみてください。

学生時代のアルバイトで接客業の楽しさに目覚めたE様は、就職先に飲食業を選び、店長になりました。
店長の次は接客のエキスパートを育成したくなり、エリアマネジャーを目指しましたが、会社の指示は、本社勤務でした。
端から見れば、十分羨ましがられるポジションでしたが、本人にとっては悔しい人事で、以来、やりたいことが見つからなくなりました。
挫折の穴に落ちてしまったのです。

しかし、先程の質問にＥ様は、エリアマネジャーへのリベンジではなく、「後進国に行って、井戸を掘って、人の役に立ちたい」とおっしゃいました。

実は、Ｅ様が落ちていた穴は、「収入にならなければ無意味の穴」。

Ｅ様の本当にやりたいことは、「人の役に立っている実感を得たい」ということだったのです。

調べてみると、日本にもボランティア団体があり、仕事をしながらできることがわかりました。

Ｅ様に、人生で成し遂げたいことはあったのです。

一度「仕事」という枠を外して、やりたいことを考えてみることで、のちに仕事に繋がる人はたくさんいます。

また、地方の公立高校で英語の教員をされている方が、「定年退職後は収入が下がるし、働く場をどうしようか」と悩んでいらっしゃいました。

「勤め先が必要だという考えを手放したらいかがでしょうか。先ほどいらっしゃったお客様も、英語のコーチをしているそうなのですが、3カ月30万円で、オンラインのみの講義をしているそうですよ」

とお伝えすると、「そうか、そんなことが出来るのですね」と、ひざを打たれていました。

穴に落ちていると、情報の刷新もされずに狭い視野で未来を悲観してしまうことがあります。

先が見えない、やりたいことが見つからないとき、自分のいる狭い世界を疑いましょう。

まとめ

宇宙と同様、私たちの人生も、次元を超えていいのです。

天職の見つけ方

天職はやってみないと見つかりません。

そして、**天職は自分が世間に対して愛を表現するもの**です。

透視で見つけることもできますが、結局は本人が行動して、やってみないことには
「これが私の天職だった」と実感するまでに至りません。

天職は、見つかるものであって、思い込みで決めるものではないからです。

また、すでに**「自然にやってしまっていること」が天職になりえます。**

いつも苦もなく周りの人にやってあげていて、喜ばれることがありませんか？

もしかしたらそれは、自分では当たり前すぎて、天職の価値に値すると、気づいていないことかもしれません。

銀座でエステサロンを経営し、自身も現役のエステティシャンである友人は、「この仕事を天職だと思った原点は、幼い時に、祖父にマッサージをしてあげると喜ばれたことが、今も続いている感覚かな」と言います。

また、不動産会社経営の友人Fさんは、オフィスや住居移転の相談をすると、私が挙げた条件に加えて、私の生活や趣味・性格を加味した物件を紹介してくれます。

私がA（立地も価格も贅沢）とB（新築だけど少し遠くなる分、価格は安い）とで物件を悩んでいたところ、

「でも、井上さんは、◯◯書店から離れたくないのでしょう？　Aを諦める前に、僕が管理会社に条件を交渉してみますから、保留にしておきませんか？」

と、彼にとっては手間が増えるだけなのに、労をいとわず提案をしてくれます。

そして、相変わらずニコニコしながら「とはいえ、新築は気持ちがいいですね～」とBの内見案内も付き合ってくれました。

無事にAに決まり、鍵の引き渡しに来てくれた社員さんにお詫びを言うと、

「全然気になさらないでください。Ｆにとって、お客様にピタッとハマる物件を探すのがモチベーションになっているのですから、嬉しかったはずです。それに、Ｆは、単純に家を見るのが趣味なんですよ」

と話してくれました。

このように**天職は、誰に言われなくとも、やっていたこと**だったりします。

自分にとっては当たり前すぎて、見過ごしているだけのことかもしれません。

自分でわからなければ、周囲の人に自分が役立っていることを聞いてみるのも手です。

天職とは、まさに天から授かったお務め。だから、天職は楽しいのです。

まとめ

天職は、苦もなく周りの人にやってあげて、喜ばれることです。

好きな仕事の方が成功する理由

「好きなことを仕事にすると成功する」と成功哲学や自己啓発で言われる理由は、**圧倒的な努力ができる**からです。

好きなことを仕事にすれば、普通の人だったらイヤがるような面倒なことや大変なことでも、本人は、ただ好きでしているだけなので、「努力」とも「大変」とも思いません。でもそれを他人が見たら、尋常じゃない努力に見えるでしょう。

好きなことを仕事にすれば、それはもう労働ではなくなります。寝食を忘れ、それこそ24時間、365日、没頭していても苦にならないかもしれません。

それにもかかわらず、好きなことを仕事にしないのは、既存の職業にないものだし、

「趣味が仕事になるわけがない」と思っている場合があります。

今でこそ「プロゲーマー」は、コンピューターゲームの大会で、賞金や報酬を得る職業として認知されていますが、ほんの十数年前までは存在していない職業でした。

プロゲーマーである梅原大吾氏の練習時間は、本人の著書によると、元旦以外の残り３６４日、まるでオリンピック選手のような量なのです。ゲームの世界を「遊び」だと思えば狂気ですが、仕事となれば、彼は明らかに、哲学を持ったアスリート、努力の人です。

今はアイディアと努力があれば、いくらでも起業して仕事を生み出せます。

成功するかどうかより、まずは、自分が労働だと思わないことで収入を得る方法を、考えてみてはいかがでしょうか。副業からでかまいません。

「気軽に始めてみたら夢中になって、いつの間にか本業になっていた」とおっしゃる起業家は、案外少なくありません。

50歳になる介護職のG様は、シングルマザーでお子さん3人を成人させ、そろそろ体力的にも転職を考えたいということでした。

リフレクソロジーの資格取得に結構なお金をかけたので、開業してみたいが、二の足を踏んでいるとおっしゃいます。

G様のオーラは、セラピストよりもカウンセラー寄りでした。そこで、

「お年寄りのお話をうまく聞き出すコツなど、お年寄りとのコミュニケーション法をレクチャーして広めるといいですよ。そんな資格ってないのですか？」

と申し上げました。

実際にG様は、他の職員よりも群を抜いて多くのお年寄りに話しかけられ、なかなか帰してもらえず、G様も、勤務日以外でも会いに行ってあげたくなるとのこと。

更に、すでに傾聴の勉強をされていました。

「リフレクソロジーは、私じゃなくてもいいかもしれませんね。でもお年寄りとは、本当はもっと話していたいのに、時間が決まっているから切り上げなくてはいけなくて、いつも心苦しいのです。いろいろな相談にも、のってあげたいんですよね」

と話してくださいました。

確かに、既存市場は前例が多く、参入障壁も低く見えるかもしれませんが、それは天職の選び方ではありません。

前例をなぞるより、**自分らしい道を見つけた方が、成功には近道**です。

本当に好きなことなら、労をいとわず、いくらでも相手に与えたいと思えますし、また、消費者は誰でもそういう人からサービスを購入したいと思います。

そして、成功しやすくなります。

他人にはできない圧倒的な努力と利他の愛に、神様の後押しが加わるからです。

まとめ

好きなことだと成功するのは、努力とも思わない圧倒的な努力ができるからです。

成果主義のオーラは、失敗を恐れる

やってみたいことがあるのに失敗を恐れている人は、**成果主義**だからです。
成果主義の人は、成果を保証されないと動けません。
そして人生のほとんどの時間を「悩み・考える・待つ」ことに使ってしまいます。

一方、失敗を恐れず、いろんなことに挑戦していける人は、**経験主義**です。
「自分にやらせてあげたい」「見たい・知りたい」が動機になっています。
人生のほとんどの時間を「自己成長」に使い、人生を楽しみ、今を生きています。

幸福度を比べても、成果主義は経験主義よりも、少なくなるでしょう。

成果主義は、成果を得た時だけしか嬉しくありませんが、**経験主義であれば、毎日でも体験の喜びを感じていられる**からです。


私は仕事柄、人生の岐路に立っている人のお話を伺うことが多いのですが、マイナスな現状にいらっしゃる人の方が新しいチャレンジへの移行は、容易です。

言うまでもなく、「今が底」であれば、今より悪くなることはありません。

ですから、一番失敗を恐れるのは、「本当はそんなに不満はない」という状況で、次に進もうとする時です。

「やりたいことがあり、挑戦はしたいけれど、現状の生活レベルを落としたくない」という場合は、「（成功できるという）保証」が欲しくなります。

リスクを冒して挑むのですから、リターンを高く設定してしまいます。

今より損はしたくない気持ちが強まり、成果主義に陥って失敗を恐れるのです。

キャリアと年齢が上がるほど、新しいことに挑みにくくなるのは、この「今より損は、したくない」という気持ちが邪魔するからです。

若い時のように新しいことに挑戦しづらくなるのは、名声や地位や収入を下げられない虚栄心が影響しています。

しかし、それは非常に愚かなことです。

やりたいことがある、というのは自分の深い部分から湧いてきた声です。

それを無視することは、自己欺瞞《ぎまん》であり、自尊心を下げてしまいます。

もし今「つまらない」と感じながら続けていることがあるなら、「改革する時期だ」という、内なる叡智の声に従い、すぐにでも新しいことを始めてください。

エネルギーが落ち始めると運気も落ち、最悪の場合、心身に影響を及ぼします。

病気も、「その生き方を変えて」という内なる叡智からの知らせなのです。

実際に現実を動かしていく人は、「つまらない」を放置しません。むしろ慌てます。

「つまらない」は、内なる叡智からのアラートだからです。

ビジネスが成功している人ほど、「つまらないと思う状況」を危惧します。

彼らは少しでも「つまらない」と感じ始めると、慌ててセッションに申し込み、現実とエネルギーのズレを修正にやって来ます。


これは私ごとですが、彼らの中の一人に、私が「事務所の移転を考えている」と話したとき、彼はこう言いました。

「移転の必要はないでしょ。僕はここでセッションを受けるので十分だよ」

しかし、私が次のように答えると彼の態度は一変したのです。

「でもここ２週間、つまらなく感じていて……。何かを変えるとしたら移転かなと」

「つまらない⁉　それは大変だ‼　急いで移転したほうがいいよ！」

と言われました。

その慌てぶりを見て、彼が成功している理由がわかりました。経営者のオーラがどんなエネルギーの状態かで業績が変わることを、彼はよく知っているのです。

この話には、続きがあります。あけすけに言うと、移転先の家賃は、かなり高額でした。経営の安定を第一優先に考えたら、高額な賃料は懸案事項です。

しかし、私は最終的にそこへ移転することにしました。

そこに事務所を1カ月でも構えることを、今世のうちに自分に経験させてあげた人生と、そうでない人生とでは、人生の価値が全然違ってくるからです。

結果は、エネルギーが上がり、売り上げも1年分の家賃分以上に増収しました。

成果主義より経験主義を優先すると、失敗を恐れるオーラが消え、豊かな人生が現実化します。

まとめ

「つまらない」は、「それ、変えて」という内なる叡智からのアラートです。

売れない原因は「無意識の営業」

「数ヶ月コンサルタントを付けてみたのですが、今まで集客できていたセミナーも人が離れ出しました……。何が起こっているのでしょうか？」

この原因は、一言で言うと「エネルギー（オーラ）の問題」です。

言い換えるなら、「無意識のせい」とするとわかりやすいでしょうか。

私たちは皆、思っている以上に、エネルギーを察知しています。

行先の道に迷い、誰かに尋ねようとするとき、せかせか急いでいない人（オーラが前に出ていない人）、土地勘がありそうな人（グラウンディングが強い人）、親切そうな人（オープンハートの人）を無意識下でも選んでいます。

また、怒っている人が部屋に入って来ると「機嫌が悪そう」と気づきませんか？

人だけではありません。場所や時間帯、文字や音にもエネルギーを感じています。

自分にとって落ち着く場所や、何かと縁がある地域と、逆に、そうでない所。

クリエイティビティが発揮される時間帯も、人によって違いがあります。

氏名や社名、商品名、マークや図案にも発しているエネルギーがあります。

このように、人はエネルギーを察知して、自分に合うか、合わないかを判断しているのです。


冒頭のご相談内容ですが、セミナー集客に関しても主催者側がどんなエネルギーを発しているかで、結果は全く違ってしまいます。

「来てくれるかなぁ……」という不安感が入ったエネルギーで集客しても、お客様にそれが伝わるので、集まらないでしょう。

むしろ「このセミナーに参加しないなんて、人生の機会損失だ」くらいの意気込みなら、多くの人が受けたくなるはずです。

なぜなら、**隠しても、エネルギーは察知されるからです。**

案の定、冒頭のお客様は、良い例でした。

ご自分のやり方でセミナー集客していたときには満席が続いていたのに、コンサルタントの指示で集客を始めたら、空席が目立ち始めたとおっしゃるのです。

エネルギーの仕組みをお話しすると、

「確かに不安がありました。それに、迷いもありました。『私はこのやり方はイヤだな。でも高いコンサルフィーを払っているからもったいないし……』と思いながら、言われたことを試していました。ちゃんと葛藤を確認すれば良かったですね」

と違和感を抱いたまま集客に至ったことを打ち明けてくださいました。

売れなくなった理由は、「これでいい！」というエネルギーで募集していなかったからです。売り手がお勧めできない商品を、お客様は喜んで購入してくれません。

しつこいですが、**エネルギーは伝わる**からです。

セミナー集客だけでなく、繁盛店というのは、お客様にとって高い付加価値をちゃんと乗せてお届けしています。何を販売するにしても、自信作であることが大前提です。無意識の営業力は侮れません。必ず伝わります。

余談ですが、なぜ無茶なダイエットはリバウンドするかというと、エネルギーが、「この方法で成功してしまっては、困る」になっているからです。

もし成功すれば、そのやり方を一生続けなければいけなくなりますからね。

「一生そのやり方はイヤだ」と、ちゃんと無意識が意思表示するのです。

ダイエットに成功するのは、自分にとってその方法が、健やかで心地良く、続けるのに苦がないものを見つけられたからです。

まとめ

エネルギーは、自分も他人も誤魔化せません。

人は本来「努力好き」である

本当の努力は、自分を好きでいるため、信じるためにするものです。

頑張らなくていい、我慢しなくていい、と自分を受け入れるのと、自分を大事にするために努力をすることは、二律背反の関係ではありません。

本当の努力なら、自分を大切に扱い、愛することができ、今世に生まれてきた自分を十分に楽しめるのです。

「努力嫌い」「努力は疲れる」という方の努力は、「承認されるための努力」です。

または、幼い頃に親や先生から「努力しなさい」と強制された記憶がオーラの中に残っているのかもしれません。

立場のため、生活のため、叱られないため、といった「恐れ」を隠すために仕方なしにする努力は、本当の努力ではありません。

努力した先に、自分が喜んでいる姿に繋がらない努力なら、今一度、本心と照らし合わせて考え直す必要があるでしょう。

「自分の成長を喜べる努力をしているか？　違うなら、それは誰のための努力か？」

と自問してください。

イヤイヤしている努力は、自分を愛するどころか、（言葉は悪いですが）自分に対する体罰です。自尊心など上がるはずもありません。

まして、「人一倍の努力」などできるはずもありません。

自分を「怠惰です」と言う人は、「自分のための努力」を、まだ見つけていないだけなのです。

かたや、本当の努力をしている人や「努力家」と言われる人は、「自分のための努力」をしています。自分の伸び代が重要なのであって、人からの評価に、１ミリも興味がありません。

また、「将来、その努力が報われるかどうか」に、心が乱されることもありません。「目標達成」は通過点であっても、「目的」ではないからです。

本当の努力は、自分を伸ばすためにしていること。

努力している一瞬一瞬が、成長の喜びを受け取っている時間であり、努力を始めた時からすでに報われているのです。

人は本来、努力好きです。

誰もが自分を成長させ、自分を好きになりたいのです。

事実、「自分を好きになれない」と言う人ほど、情熱を込める対象や努力し甲斐があるものを見つけたいとおっしゃいます。

「人は横顔に惚れる」と聞いたことがありませんか？

この場合の「横顔」とは、何かに打ち込んでいる姿の比喩ですが、人が何かに情熱を傾けているときというのは、魅力的に映ります。

魅力は生命力であり、オーラの輝きです。

自己肯定している人は、生き生きとしたエネルギーを周囲に分け与えます。

さて、「自分を魅力ある人物だと思いたいし、自分のことを愛したい」とはいえ、「何を努力したいのかわからないし、好きなものもわからない」と言う人が、ここまで読んだだけで、努力の矛先や好きなことを見つけることは難しいでしょう。

自己肯定感を得るには、常に自分の感覚で判断する人になる必要があります。

自己判断力を鍛えるには、自分で試して磨くしかありません。

味見と一緒で、「自分にとって、美味しい・不味い」を体験するのです。

しかしその際に、試してすぐ飽きてしまうことを恐れないでください。「飽きた」も自己発見なので、後退したのではありません。

ただ、途中でやめる自分を嫌いになりそうなら、継続してみましょう。成果を追うと苦しくなりますが、自分の上達を待つのは楽しいものです。「やり切った」と思えるまでやれば自己肯定できるので、やめることに躊躇はなくなります。

また、何かを試して「予想と違った」という場合に、「失敗だ」と残念に思う必要もありません。「違う」も、自己判断力を鍛えるワークの一つです。

この「違った」や「失敗した」の体験は、同じ失敗を避ける直感が鍛えられます。

行動しないで、ただ悶々と時間を浪費するより、体験を重ねてください。

自分に体験を許すことは、自分を愛すること。本当の努力の過程の一つです。

まとめ

「努力家」は、自己を発見し、探究したい人です。
「努力嫌い」は、自己をまだ見つけていないだけです。

「イヤなことはやらない人生」VS「やりたいことをやる人生」

「イヤなことはやらない」ということと、「やりたいことをやる」ということは、全く違うレベルの話です。

両者のオーラは異なるレイヤー（階層）にあり、人生も別世界になるでしょう。

もう少し具体的に言いますと、「生活に困らないだけのお金が欲しい」ということと、「年に2回海外旅行に行くお金が欲しい」ということは別ですよね。

「学校に行きたくない」と「学校以外のところで勉強がしたい」ということは違いますし、「この人なら結婚できる」と「この人と結婚したい」とでは、望むエネルギーレベルが違うので、ひいては得られる結果も変わってきます。

体の痛みを取ることと、健康体になることとは、ゴールのレベルが違うように、「イヤなことはやらない人生」というのは、マイナスをゼロにした点に人生のゴールテープがあり、「やりたいことをやる人生」といった積極的なプラスのエネルギーで過ごす人生とは違うわけです。

こうして改めて比較すると、「イヤなことはやらない」と「やりたいことをやる」は、全く違う話になるのが、おわかりいただけるのではないでしょうか。

この差は、思考ぐせの違いというよりは、**自分に向ける愛の差**になります。

透視リーディングを希望されるのは、悩みの渦中にいらっしゃる人だけではありません。

今現在悩みを抱えているのならば、エネルギーレベルをマイナスからゼロに戻すのが、セッションのゴールです。

でも実は、悩みはなく、むしろ、自己実現のために「望む未来の創り方」の話をされるお客様が多いのです。

セッションで、どんなに深い悩みから抜け出せたとしても、その段階では、お客様がホッとする顔をされることはあっても、「幸せ」と思えるレベルのオーラには至りません。

もう一段引き上げなければ、キラキラしたオーラにはならないのです。

もう一段というのは、**「本当に自分は幸せだと実感できる状態」**のこと。

某アパレル企業にお勤めのH様は、もう7年くらいのお付き合いになるでしょうか。別のお客様からの紹介で仕事の相談に来てくださいました。

当時は日本で店長のポジションに就いていらっしゃいましたが、他社への転職・他業種への転身も含め、ご自分の情熱がわかないことに悩んでいらっしゃいました。

透視で視えた未来は、ご自身のブランドを立ち上げることでした。

私は、彼女のオーラに視えた情報に従い、大胆にも一つのご提案をしました。「今から留学して、ファッションの勉強をちゃんとやってみませんか?」と。急な展開に、最初は目を丸くして聞いていらっしゃったH様ですが、「確かに、それだとワクワクします」とおっしゃいました。

それから貯金を始め、語学の猛勉強を経て試験に合格。ミラノに留学されたのでした。更に、成績優秀で卒業。帰国後は、ハイブランドのエリアマネジャーに就任。現在は、ご自分のブランド設立準備へとエネルギーを向けています。

非常に素直で行動力のある資質を備えたH様ですが、大胆な性格かと言えば、むしろ逆の方。真面目で非常に繊細なハートの持ち主です。

いまだに、ご自分が描いた夢が大きすぎるのではないかと不安になると、「私に、そんなことができるのでしょうか⁉」とご質問されます。その度に私は、「H様は、やりたいことをご自分にさせてあげる人生を選んできました。今のH様があるのは、ご自分に愛を与える方を選択し続けた結果ですよね。今後も一緒です。ただご自分を愛していれば、できますよ」

と申し上げています。

自分の気持ちに嘘はつけません。

自分の人生に愛を感じていないと、エネルギーは失われます。

「今よりマシ」と「幸せ」のエネルギーは、全く違うからです。

自分の人生に愛を増やしましょう。

まとめ

「イヤなことはやらない人生」と「やりたいことをやる人生」の違いは、自分に向ける愛の差です。

第3章

人間関係は、オーラの中の愛に比例する

役割よりも、愛のオーラは失われやすい⁉

「気持ちだけで繋がっているって、すごいことだと思うんだ」

これは、ある大人の男性が、ご自身の恋愛を語ってくださったときに、ポツリとこぼした言葉です。男女関係に限らす、考えさせられる言葉です。

その関係に、愛が存在しているかどうかより、役割や契約があるから続いているという場合が、実はあるのではないでしょうか。

もし神様が、今の自分の役割や契約を解除し、「あなたは自由です。どこへ行っても良い」と言ったとして、変わらずそこに留まる自信があるでしょうか。

また、相手はどうするでしょう。

親子だから
夫婦だから
恋人だから
友達だから
社員だから
先輩・後輩だから
生徒だから
日本人だから

……だから一緒にいる。
……だから所属している。
……だからいて当たり前。

そう思っていないでしょうか。

役割から留まること、責任を果たすことは、確かに一つの愛の形でしょう。

しかし、恋愛のみならず、雇用関係でも考えなくてはならないのは、**「役割を盾にして、相手から誠実な愛情を期待していないか？」**ということです。


よくご相談にあるのが、親子関係や夫婦関係です。

親は子に、理想的な子どもであることを求めます。

その子の特性や才能がどうであれ、自分の子として愛せる状態であってほしいと、コントロールしてしまうのです。コントロールしている子に、口でどれだけ「愛している。あなたのためを思ってのこと」などと言っても、愛は伝わりません。

厄介なのは、コントロールすることが愛だと思っている場合です。確かに全てが、間違っているとは言えません。その親なりの愛を、子どもに差し出しているからです。


一方、子どもは子どもで、「自分の親は、自分が描く理想の親であってほしい」と願います。「こんな家に生まれたくなかった」と憎まれ口を叩くときもあるでしょう。

親も一人の人間であることを忘れ、立派であることを望んでしまいます。

これは思春期の親子問題に限った話ではありません。

親を介護するような年代になっても、「親だから・子どもだから」と役割ゆえに「希望した愛情を示してくれて当然」と押し付け合ってしまう関係があります。

まさに、「親子だから」という関係を盾にして、相手から誠実な愛情を期待している状態です。

解決の糸口は、どんなに積年の確執がある場合でも、自尊心を育むことです。**「相手がどうであろうと、自分は人をどう愛するか」という自尊の視点**に立つようにします。自分が理想の大人になることを、自分で決めるのです。

幼い頃は逃げ場がありませんが、大人になった今なら、争わないで済む場所へ下がることもできます。無理なく愛情を抱ける位置を自分で探せます。

夫婦関係は、親子関係以上に役割を外して、愛の所在を確認する必要があります。

親子関係と違い元々は他人ですから、夫婦を継続するには、愛が必要です。愛がなければ、何か他に一緒にいる理由を用意しないといられません。

そういった意味では、気持ちだけで何年も繋がる関係に、確かに尊さを抱きます。

子育てが終わったタイミングで離婚を選ぶ夫婦が多いのは、役割が外れたから。

ただ、離婚しても友情が残る関係は、結構あります。

そこには同じ苦労を共にした同士のような愛情が残っているように視えます。


このように、男女の数だけ形があるのは、親子関係よりも、役割で割り切れないからでしょう。多様な繋がり方を選べるからこそ、コミュニケーションをとり、信頼と愛情の確認が必要なのかもしれません。

まとめ

「愛しているからここにいる」は、すごいことなのかもしれません。

他者にレッテル貼りをしている限り、平和な人間関係は築けない

他者にレッテル貼りをしている限り、平和な人間関係は築けません。
それは、相手を本当の意味で知ろうとしていないからです。

「○○は、こういう人間だ」と一括りに独断や偏見でレッテル貼りをしてしまうと、それ以上、相手の才能や魅力を見出すことはできなくなってしまいます。
またレッテルを貼られた側も、自分を理解しようとする愛を感じない相手に対し、愛やエネルギーを送るのをやめ、引っ込めてしまうでしょう。

なぜなら、**誰でも自分を理解してくれようとする人に、好感を抱く**からです。

なにも、全ての縁を繋いでおけ、ということではありません。それは物理的に無理です。

深い関係、浅い関係、緩い繋がりの関係、切れた関係、いさかい中の関係などなど……、関係性はさまざまあっていいと思いますし、成長段階で変化していくのが自然でしょう。

しかし、**レッテルを貼るという行為は、「人間関係」とは呼べない**話です。

そこには、そもそも人を見ていない、知ろうとしない冷酷さを感じます。

せめて「そんな一面もある」と、変わっていくことを期待していたら、もしかしたらその人は、あなた、もしくは誰かとの掛け合わせによって化学反応を起こし、奇跡的な成長の場面に立ち合わせてくれるかもしれません。

いずれにしても、レッテルを貼り、伸び代を見ようとしないのは、両者にとって損失です。

そして、誰だって、ある特定の関係に見せている面が、その人の全てだということはないでしょう。立場や役割により、キャラクターは入れ替わります。

私が初めて、役割によって自分を変えることを学んだのは、学生時代に某テーマパークでアルバイトをした時でした。

研修生の私は、トレーナーから次のように教わりました。

「ここでは、お客様をゲスト、我々をキャストと呼んでいます。キャストである以上、演者です。家でお母さんと喧嘩した朝でも一歩パークに入ったら、笑顔で演じきってください」

これは、社会人になったときに非常に役立ちました。

昨今、ＳＮＳの誹謗中傷が問題になっていますが、何かイヤなことがあったら、是非この「キャストの話」を思い出してください。

会社での自分と家庭で見せる自分、または、今の友達と過去の友達に見せる顔は、違って当然です。

ですから、**もし誰かに誤解を受けたとしても、その人は自分の全てを知っているわけではありません。** 誤解されることを大袈裟に捉えなくていいのです。

「誤解もあるだろう」とあらかじめ心算《しんさん》をしていれば、その分丁寧な説明を心がけるようになり、年齢を重ねるほどに、コミュニケーションスキルは上がるでしょう。

自分にどんなレッテルを貼られても、動揺する必要はありません。

「あの人は私のことを全然知らないのだから」

と思えばいいし、自分に後ろ暗い気持ちがないなら、堂々としていればいいのです。

それに、真実がどうであれ、人は、自分が付き合いたいように付き合います。

友人I氏の話です。I氏の知り合いで、経営者の先輩であるJさんは、I氏にいろいろなビジネスチャンスを共有してくれたそうです。

ある時などは、自分が創った会社を「やりたかったら、あげるよ」とM&Aで安く売ってくれたり、営業先を譲ってくれたりもしたそうです。

さぞかしJさんは人徳ある経営者なのだろうと、話を聞いていると、I氏は、

「でも、Jさんは信用ならないんだ。だって、Jさんが親切なのは僕にだけなんだよ」

と言うのです。

「下請業者には、平気で嘘をつくんだ。彼らへの支払い期日も適当でさ。まるで、ジキルとハイドの二重人格。わからないもんだよ」

と話してくれました。

Jさんほど極端でなくても、人は、関係性によって違う顔を見せることが、往々にしてあるものです。

怒りん坊の上司も、赤ちゃんとペットには、甘い声で話しかけているかもしれませんよね。

オーラの中にあるものが外側に現れるわけですが、それは人間関係も同様です。

自分がオーラの中に持っているエネルギーが周囲の人に投影されます。

ですから、誰かを否定的に見ているとしたら、それは自分の中にある問題かもしれないと省みることをお勧めします。

つまり、**自分が他者に貼ったレッテルは、自分自身を表しているかもしれないのです。**

人間関係は鏡です。自分の中に、その要素があるのです。

とりもなおさず、人に愛情の目を向けることは自分を愛することであり、人を深く知ろうとすることは自分自身と深く繋がることになるのです。

まとめ

他者に貼ったレッテルは、
自分のオーラの中にあるエネルギーです。

置かれた環境がイヤなら、自分を伸ばしてネタにする

生まれや育った環境、あるいは今現在置かれている環境に不満を言っている人を見ると、「ネタにしてないいなぁ。もったいないなぁ」と思います。

「もったいない」は、セッション中に私が最も口にする言葉かもしれません。

環境や人に不満を感じているのは、状況の支配下に自分を置いて、為す術もなく、ただ振り回される側に立っているからです。

自由ではない。自分で選択していない。望んでいない。凌駕できない……と、まるでオーラの中で、白旗を掲げているように視えます。

特に、自分が育った環境や親に不満がある場合、魂の話では「選んで生まれてきた」と言うこともできますが、頭で理解しようとしても無理があるでしょう。

変えられない宿命は、お笑いで言うところの「おいしいネタ」と呼べる域まで自分を高めれば、不満を凌駕できるのではないでしょうか。

大人は子どもと違って、自分の環境を変えられます。心地良い場に自分を運ぶことは、大人になった今なら自分でできるのです。

不満を消すには、不満を超えればいい。

でも、どうやって超えるのか?

それは、**自分を伸ばすことで、超えられます。**

「不満」は、そこから抜けられる準備ができた時に強くなります。それは、内なる叡智からのお知らせです。

人生を主体的に生きていない状態下にいつまでもいると、「もったいない。そこに留まっている場合じゃない」と内なる叡智が伝えてきます。

不満を超えることは、決して難しくありません。

今の自分を笑えるくらいまで、満足を得られる領域まで、自分が成長してしまえばいいのです。

なりたいイメージどおりに自分がなれば、不満は消える。シンプルな方程式です。

他人を動かして不満を消すことはできませんが、自分の成長は、自分次第ですから、如何様《いかよう》にでもなります。

職場の人間関係に傷ついたK様が、ご相談にいらっしゃいました。

前職は役員秘書です。2年前に事実ではない噂を社内に流された挙句、理不尽に解雇された悔しさを未だに抱えていらっしゃいました。

「そうは言うものの、2年間も怒りが消えない自分もどうかと思います」と冷静に自己分析をされていました。もし自分のオーラの中に問題があるならそれを明確にし、次の転職では、同じ轍《てつ》を踏むことを避けたいとのご相談です。

オーラを透視していても聡明な方であることがわかりました。ご本人が言うように、むしろ実績は上げていらっしゃったのでしょう。事実、K様の後任はすぐに失脚したそうです。

K様の解雇の原因は、透視で視ても、K様が感じていたように、周囲からの嫉妬でした。

K様は、「ただただ頑張っていただけなのに、悔しい」とおっしゃいます。

「自分でもバカバカしいことだとは思うのですが、資格を取って、またあの会社に戻り、自分の正当性を証明したいなんてことも考えてしまうのです」

と、治まりが着かない感情を素直に話してくださいました。

しかし、元の会社に戻っても、正当な評価をしてもらえる保証はありません。

そもそも正しい評価が成される会社なら、辞めさせられることはなかったでしょう。リベンジする価値がある会社なのかも疑わしいものです。

K様には、もっと自分を伸ばして大成功し、前の会社にその噂が届く方が、胸がすく思いがするのではないかと申し上げると、

「確かに！　本当にそうですね！　感情的になって見失っていました」

と一瞬で考えを変更してくださいました。

自分が成長することで心を癒し、過去の不満を超えることができます。

周囲がどう思うかより、自分が自分を誇らしく思えるかどうかにフォーカスする方が、成長できるのです。

まとめ

自分を伸ばすことで、不満は超えられるのです。

「親のせいで……」と言っていると信用されなくなる

自分の人生に納得していない理由を、いつまでも「親のせいで……」と言っていると、同情はしてもらえるかもしれませんが、信用はされなくなります。

なぜなら、それは〝自分の人生の責任をとれる大人の姿〟ではないからです。

「インナーチャイルド（内なる子ども）が傷ついているから、私の人生はうまくいかない」

と思ってしまう気持ちはわかります。

私のセッションやセミナーでもインナーチャイルドのヒーリングを行いますし、私自身もインナーチャイルドを癒す瞑想を一定期間試し、効果を得ました。

確かに、傷ついた子どもの頃の記憶や感情をオーラの中でそのままにしていれば、何かと現在に悪影響を及ぼします。これは、オーラを透視するまでもないことです。

しかし、ここで問題としているのは、「傷ついたインナーチャイルド」が原因になっているかどうかではなく、**「傷ついたインナーチャイルド」を言い訳にしている場合**です。

言い訳は、自分を無力化します。

「うまくいかなくても仕方がない」と、**自分で自分を幸せにできる能力を奪います。**

たとえ、親の責任だという思いを他言しなかったとしても、それはオーラに反映され、オーラが視えない人でも、他罰的な重いエネルギーを感じるでしょう。

人がオーラを感じる能力は鋭く、口にするとかしないとかに関係なく、はたまた演じて隠せるものではないのです。

親を不遇の言い訳にしていれば周囲に、「ふて腐れた人」として、ちゃんと伝わります。

ふて腐れた人は、異性同性問わずモテません。

考えてもみてください。インナーチャイルドが全く傷つかずに大人になった人が、世の中にどれだけいるのかを。

人生がうまくいかない言い訳になるような、特別なことではありません。

たとえば、どんなに愛情深い親に育てられたとしても、親がちょっと目を離した隙に迷子になり、「あのとき私は親に守ってもらえなかった」と、たった1回でも思えば、インナーチャイルドは傷つきます。トラウマになる人もいます。

子どもの性格次第では、それくらいで傷ついてしまうのです。

もちろん程度の差はあります。日常的に虐待を受けていれば、傷は深く慢性化し、後の人生に大きく、長く影響を与えるでしょう。

子どものころ親に嫌われることは、自力で逃げることができない子どもにとって、生存に関わる、相当大きな恐怖です。

それだけに、同じことを大人がされるのと、子どもがされるのとでは傷の深さが違います。

しかし、**大人になった今なら、インナーチャルドは自分でケアをしてあげることができます。**

誰かのせいにしたまま、一生被害者意識を抱えて過ごすことを望んではいないはずです。

M様は、社会的にも自立した大人の女性です。

しかし、恋愛面では、自分の感情を言葉にして伝えることが苦手でいらっしゃいました。パートナーに不満を感じることがあっても、整理して伝えるより我慢する方を選んでしまいます。我慢して、我慢して、結局はM様が息切れして爆発し、大喧嘩になる……、というように、穏やかなコミュニケーションがとれず、自己嫌悪と「生きづらさ」を抱えていました。

そこで、セルフワークを試していただきました。

後日、M様からいただいたメールです。


井上さん、先日のセッション、有意義な時間をありがとうございました。インナーチャイルドの問題から私が今まで抱えていた迷いや不安の答えを導いてくださり感謝しております。

「そんなに重症ではない」と透視していただいたことで、こだわりはなくなりました。

とはいえ、今後のためにもきちんと幼い頃の自分に会って、癒してあげようと思っています。

自分を最優先に考えてくれるパートナー探しも、しばらくゆったりした気持ちでやっていこうと思います。

誕生日を一緒に過ごす予定の彼は、よく考えたら最初から「Mちゃんがこうしてほしい、って思うことはちゃんと言ってね」と言ってくれる人でした。

自分の要求を通すこと、意思表示すること。

簡単に思えて、私にとっては難しいことですが、今後は意識して変えていく努力をしていきます。


インナーチャイルドを癒すセルフワークを実行してくださったM様。

その後の恋愛では、自分の感情を自身の問題として捉えることができるようになり、パートナーとの喧嘩は格段に減ったそうです。

まとめ

インナーチャイルドを癒す責任は、大人の自分にあります。

親の仕事ではありません。

親子の引き合うエネルギー

人間関係は投影。他者は、自分がオーラに何を抱えているのかを、見せてくれる存在です。

その最たるものが親子関係でしょう。

特に母子の場合、子どもが生まれてから小学校入学くらいまでの間、生存や感情のエネルギーを司るチャクラが、へその緒のように繋がっています。

ですから、子どもの体調が悪ければ、母親は身を切られる思いをし、罪悪感を抱きます。逆に、母親の感情が乱れがちであれば、子どもの情緒も不安定になります。

また、幼少期の母と子のエネルギーの影響度合いは、子どもの魂の資質や家庭での役割によります。

そして、**生まれる際に選んできたその肉体は、今世の課題に沿ったもの**なのです。

それは、持病を抱えているかどうかに限らず、誰でも、どこの家庭でも同じです。

N様は、お子さんの病気のことで相談にいらしたお母様です。

お子さんは、生まれつきの疾患を抱えていらっしゃいました（私が行っている透視リーディングやヒーリングは、医療行為ではありませんので、あくまでもエネルギーの観点からということをご理解いただいた上で、セッションを行っています）。

結果的に、私はN様には、お医者様の見解と全く違うことをお伝えしました。

当然ながら、お医者様はお子さんの病気の治療法を伝え、私は母親であるN様のエネルギーを透視しましたので、母と子で異なる方向からの見解になります。

セッションでは、N様のオーラから、お子さんの病気に対する罪悪感と恐れのエネルギーを徹底的に抜き取りました。罪悪感は治療を妨げます。

ですからN様ご自身にも、罪悪感と悪いイメージを手放していただけるように促した上で、今後お子さんと、どう生きていきたいのかを決めていただきました。


体の不調や病気などがある場合、その状態や症状を少しでも改善に向かわせる方法があるとしたら、**「生きる意味」「生まれてきた意味」を明確にすること**です。

それは、「自分の肉体＝魂の乗り物」として、それを生かすための方法を理解することでもあります。


全ての命には寿命があります。

中には短い時間で肉体を離れる魂もある。

早くに亡くなってしまう場合には、「寿命の意味」「生まれなかった意味（流産・死産など）」があります。

身も蓋もない言い方ですが、「必要なことは、起こるべき時に起こる」のです。

しかし、**宿命以外は自由意志が優先されますし、思考は細胞に影響を与えます。**
だからこそ、もし自分の身に病が降りかかったなら、**納得のいく医学的な治療とともに、エネルギーワークをお勧めします。**

その後、N様のお子さんは改善の兆しが見え、数回の手術の後の経過も良好だと、ご連絡をいただきました。N様がぶれることなく、お子さんが元気に生きるイメージを描ききられたからでしょう。

お子さんが大人になっても、親として心配する問題が多い時、「私の子育てが間違っていたのではないか」と過去を悔やむ方が、時々相談にいらっしゃいます。
そんな方に知っておいてほしいのは、お子さんに対する世間からの評価は異なるかもしれないのに、親が勝手に「間違った育児だった」と決めつけてはいけないということ。

親が罪悪感を持ってしまうと、その罪悪感を証明するように、子をダメな人間に仕立て上げてしまうのです。

全ての人が、自分の人生に責任を持って生まれてきました。

反省と罪悪感は違います。

罪悪感は、負の連鎖を引き寄せる最も低いエネルギーなので、手放してください。

まとめ

罪悪感は不要です。

愛する人のために必要なのは、愛と信頼です。

怒っている人は、自分に怒っている

疲れていたり、たくさんの問題を抱えていたりで余裕を失うと、自分では対処しきれないという悲鳴が、「怒る」という反応に出てしまいます。

しかし、怒っても良い結果になることは、ほとんどありません。いわゆる「ごね得」も誰かを困らせればカルマを生み、結局いつかはツケを払うことになります。

悟るべきは、**「怒り」が自分の中で生まれた反応なら、変えられる**ということです。

自分の中の未熟さに気づけば、成長することで解決できます。

そのための方法は、やはりオーラを先に変える（成長させる）ことです。

人のせいにしている限り、オーラの中に「私は他人次第で不快な人生を生きます」というエネルギーが残りますので、現実の世界でも感情的に揺らされっぱなしの人生になります。

ですから、**「他人次第」というエネルギーを捨てましょう。**

不快感は、内なる叡智から「もうそれ変えていいよ」というお知らせです。

自分がイライラしていることに気づいたら、**「自分がより大きな人間だったら、今怒るだろうか。怒らない自分はどんな人間か」**と自問してください。尊敬する人を思い描くのもいいでしょう。すると、努力の方向が見えてきます。

現実化する速度は、オーラの浄化次第です。

「できない」「自分はダメだ」という、成長を阻むエネルギーがオーラの中からなくなるほど速くなるので、自己否定のエネルギーは捨てるようにしましょう。

たとえば、どこの会社に勤めても、上のやり方に100%満足できることは、そう多くありません。そんな時は、「怒り」を手放すために、誇れる自分になる自己成長の方向を考えるのです。

人心掌握術を身につける成長が楽しいのか、自分が社長になって全責任を負う方がイキイキとできるのかなど、理想の自分はどんな人間なのかをイメージします。するとオーラが変わり、選んだ理想に必要な情報とチャンスがやってきて、現実が動き出すでしょう。オーラの状態が現実を創るからです。

これを、怒りが湧くたびに繰り返すと怒らない人になれます。なぜなら、不満が消えるからです。満足した自分になってイライラしている人はいません。

望んだ理想の自分になるほど、周囲の人間関係も望んだ形が集まってきます。

幸せな人は、喧嘩をしません。

人生の主導権を自分が握っている実感があるからです。

まとめ

怒りは自尊心の欠落。
怒りは、自分を育てることで消せるのです。

性格が良すぎて結婚できない

どんなに表層意識で結婚を望んでいても、本人が「いい人」「いい女」を崩せないでいると結婚はできません。

「できない」というよりは、自分で無意識に「しない」を選んでいます。オーラの中に**「結婚すると私が大変になるから、しない」という看板を出す**のです。

「結婚したいのに、結局、結婚しない」のオーラの人は、実は、外見も中身も優等生です。

私のセッションにも、驚くような素敵な女性が、たくさん来てくださいます。

そして「パートナーが欲しい」「結婚がしたい」とご相談をいただくのですが、長いこと優等生の処世術で社会を渡って来た方は、なかなかに、**「緩み方」を忘れてしまっています。**

彼女たちは、人と一緒の時に気遣いをするのは当たり前になっていて、我慢して「いい人」を演じているわけでもないため、自分ではストレスはないと思っています。人に気を使うことができる自分に、むしろ自己肯定感が増し、相手が心地良くいてくれるのを、嬉しく感じているのです。これ自体は、悪いことではありません。

「結婚以外は、このままの自分でキャリアも人間関係も全てうまく手にして来たのだから、間違っていないはず」と、本人も周囲の人も思っています。

その通り。本当に望んだものは全て手にしています。

結婚だけ、本心では望んでいないのです。

恋愛対象は選べるほどたくさんいても、彼女たちは、結婚相手を選べずにいます。

なぜなら、緩み方を忘れてしまった彼女たちがそのまま結婚してしまえば、極端な話、家でも白いスーツをずっと着ているようなオーラのままで結婚生活を送ることになるからです。

著名人の結婚記者会見で、結婚を決意した理由を、「有名人の自分じゃない、一般人の自分でいられたから」と答えていることがよくありますが、まさにそれです。

社会向けのオーラで恋愛はできても、同棲や結婚のように、ずっと生活を共にする関係までに進むのは、無意識に避けてしまいます。

緩めない原因の一つが、そもそも**世の男性に対する不信感**です。

この人生で、自分を一番甘やかしてくれる男性は父親（あるいは男兄弟）であり、それ以上に優しい男性はいないだろうと思っているとしたら、どうでしょう？

結婚生活は、安らぐ場にならない覚悟が必要になります。

その状態で結婚はできません。気を抜く場を失うことになるからです。

パートナーを探しているO様は、この典型でした。

気が利くし、ご自分の家族をとても大事にしていて、お仕事も真面目にこなし、協調性もあります。

いつも笑顔で性格は穏やか。見た目のセンスも良く、結婚相談所にも登録したことがあるという前向きさを備え、「今すぐお嫁に行ってもおかしくないでしょう⁉」という方です。

「O様は、自分よりも性格が優しい人で、自分以上にO様とO様のご家族に優しくしてくれる男性が、この世に存在していると思っていませんね⁉」

そう申し上げると、ものすごくビックリした顔で、

「ええ⁉　そんな人がいるんですか？　そんな結婚を望んでいいんですか？」

と聞き返されました。

「いますよ、もちろん。世の中に優しい人はたくさんいます。そうでなきゃ、結婚したくないでしょう？　O様より優しくない男性なら尊敬できないし、負担になるだけじゃないですか」

と申し上げると、

「『いるわけない』がちゃんと叶っていたのですね。わかりました。その思い込みを浄化します。笑」

と明るい顔で答えてくださいました。

成功の鎧「白いスーツ」を脱いで、普段着の自分を見せるのは、嫌われることを恐れるあまり、最初は勇気が要るかもしれません。

でも必ずどんなあなたも愛してくれる男性はいます。男性は自分にしか見せない無防備なあなたを守りたいと思ってくれます。

相手に選ばれないのではなく、良い子過ぎの武装を脱がないと、自分が結婚を選べないのです。

まとめ

結婚は、一番リラックスした自分を見せる勇気がないと始まりません。

パートナー選びは、自分選び

自分を知らないと、パートナーは選べません。

結婚をするだけなら、20代はいいかもしれません。「好き」という感情と勢いで結婚を決めることができるからです。

それでも、20代に結婚した方が30代前半に離婚する確率の高さから推し量るに、やはり、自分の人生に何をもたらしたいのか、そのためにパートナーには、どんな協力をお願いしたいのか、考える必要があるでしょう。

10年くらい前に「結婚情報誌を買って家に置いておくと結婚できる」という都市伝説がありました。そして、それは未だに根ざしていると聞きます。

これについては、お付き合いしている方がすでにいらっしゃる場合には、イメージトレーニングとして有効だと思いますが、いない場合に効果は望めません。

しかも、「ウエディングドレス＝結婚」がイメージトレーニングに使えるのは、せいぜい20代までだと思っています。

なぜ「30代彼氏ナシ」にウエディングドレスのイメージトレーニングが、効果がないかというと、**イメージトレーニングの肝は、「リアル感」**だからです。

30歳以降の人にとって結婚は、ウエディングドレスや結婚式ではありません。生活です。

自分の望む結婚生活がちゃんと描けていて、それに合った男性を選択します。

「彼のことは好きだし、恋人にはいいけど、結婚相手ではないかな」

と言う人は、30代も後ろに行くほど増えます。

「理想が高くなるから」と言えば、そういった一面も確かにありますが、冷静に自己分析できるようになるからです。

自分の仕事のキャリアも上がって経済力がついてくると、パートナーに求めるのは、最低限の生活保証ではなく、独身貴族以上の価値（必ずしも経済力ではありません）を求めますので、理想とする生き方や生活レベルの一致を願うようになります。

「歳を取るほど理想が高くなるから、結婚しづらくなるわよ。もらってくれる人がいるなら贅沢言ってないで、さっさと結婚しなさい」

と身内から言われる人が令和の時代になってもいらっしゃるそうですが、ご安心ください。自立した女性が「幸せなパートナー」「幸せな結婚」を目指すなら、妥協はしなくて大丈夫です。

お客様に、**理想の男性像のリストを、ものすごく詳細に出すワークを実行**していただくと、「この人かな？」と選択を疑うことのない男性が3週間～1年ほどで現れ、とんとん拍子にご結婚していらっしゃいます。

もう一度言いますが、大事なのは、リアル感です。

事細かく結婚のイメージを描いていてもなかなか出会えない場合は、身内や周囲からの呪縛同様、出会いたいと願いながらも、「そんな都合のいい結婚相手がいるはずがない」と、自分で打ち消していないか確認しましょう。

せっかく願っても、打ち消してしまうと、宇宙にオーダーを出しては、引っ込め、やっぱり出しては、キャンセルしている状態になります。

互いのハイアーセルフ同士が出会いをセッティングしようとしているのに、「そろそろ出てきていいみたいよ。あ、やっぱりまだ。やっぱり出てきて、あ、やっぱりダメだって」とやっているのです。

そんな不安を解消するコツは、**ロールモデルとなるご夫婦を探す**ことです。

身近にいるご夫婦で、一緒に食事に行っていただけるような関係だと最高ですが、それが叶わないようでしたら、ロイヤルファミリーや著名人のカップルをイメージしてもかまいません。

オーラは伝染します。会話や表情、並んで歩いている姿など、自分と重ねてみてください。

そして、自分の周りに「理想的な夫婦が増えてきたな、やたらと目に入るな」と思ったら、自分の結婚相手出現も間近だと思って大丈夫。

最後に、パートナーを選ぶ際に、最重要ポイントをお伝えしておきます。

パートナーは、好みの一致より、倫理観の一致が重要です。

たとえば、災害時に買い占めをする・しない、といったようなことが一致してないと、即離婚になります。趣味や好き嫌いが違っていても大きな問題にはなりませんが、倫理観が一致していないと、夫婦仲を努力で補うのは容易ではないでしょう。

まとめ

自分を知り、生き方を決め、パートナーとは倫理観の確認を。

別れは、成長

今の人間関係は、自分の成長の結果です。

「別れ」は、成長スピードに差が生じたときにやって来ます。

頻繁にコミュニケーションをとるカップルほど別れにくく、逆の場合は、コミュニケーション不足により、成長スピードに差が開いた結果と言えるでしょう。

しかし、「別れ」は決してネガティブな側面だけではありません。

わかりやすい例では、学生の入学と卒業です。高校の卒業式で、それまでのクラスメイトと別れ、4月に今の自分に見合った大学で、新たな友達ができます。高校の同級生とその後の交友が続く人もいれば、だんだんと疎遠になる人もいたでしょう。

それぞれが最も成長できる場に移動することを選んだ結果、別れを選ばざるを得ないのは、自然なことであり、致し方のないことです。

別れを悲しむよりも、むしろ「成長だ」と、喜ぶべきことでしょう。

しかし、大人になった私たちが「別れ」に感情が揺さぶられる時というのは、引越しや転勤、転職といった環境の変化に従わざるを得ないような、外的要因に伴う別れではなく、もっと内的な理由のときです。

心の距離が理由になります。

それでも、透視リーダーの立場から言わせていただくと、外的要因の別れも内的要因の別れも、オーラの中で起こっていることは同じです。

どちらの要因も、**それぞれがこれから最も成長できる、今と違う場を求めた「変化」が始まっただけ**なのです。

R様は、10年続いていた彼との関係に、ご自分の起業のタイミングで、終止符を打たれました。変化を希望するR様とそれを嫌う彼では、目指す先が違ってしまったからです。

今年最後のセッションを、ありがとうございました。

いつも具体的かつ的確なメッセージを示して下さり、また今回は改めて真由美さんの深い愛情を感じました。

将来の社長業に備え、これまでやっていないことを淡々と準備する時期とのこと。そう客観的に言われ、自分の最終ゴールへ続く過程と意義を見出すことができました。

そして、10年近く育んできた彼との関係を終わらせる時とのメッセージ。

頑張ってきたから出会え、誰よりも好きになり愛され、でもタイミングが合わないうちに、いつの間にか私が彼を心配し見守るだけの立場になっていました。

思い切って忌憚なく言ってくださった真由美さんの深い愛情に感謝しています。

パートナーも友人も共に成長していけないと、どこかで淘汰されるものですね。

言葉では表せない想いはありますが、今日また言い訳じみた彼を目の当たりにし、これは再度、ハイアーセルフからのメッセージだと思いました。

情に流されないよう彼との距離をつくり、自分のエネルギーを上げ、まずは来年の目標をクリアしたいと思います。

別れを覚悟するとき、「共に成長できなかった」「面倒くさがらずに、もっとコミュニケーションをとっておけばよかった」「サポートが足りなかった」など、反省点が残る気持ちはあるでしょう。

しかし、本来、自由で対等な立場で存在するはずの関係ならばなおさら、「そこにいることが自分の幸せで、自分が望んでそこにいる」と堂々と言えないのは、相手にも失礼です。

自分、または相手の犠牲がなければ成り立たないようなバランスでは、豊かな関係とは言えません。

手放すとは、見捨てることではありません。

繰り返しますが、人間関係は、成長の結果なのですから、一度別れても必要ならその先に、再度繋がる関係もあります。

また、空いたスペースを嘆く必要もありません。

手放した方の手に、今のあなたに最も必要なご縁がやって来るでしょう。

まとめ

人間関係は、成長の結果です。

半年毎に人間関係の見直しをする

人間関係は、半年に一度、見直すことをお勧めします。

「半年」と言うと、びっくりされるのですが、「全部を、刷新してください」と言っているのではなく、「見直し」です。

人間関係は、今のあなたの成長度や状態を表すからです。

つまり、自分を棚卸しすることになります。

人間関係が長く続くのは、大変素晴らしいことです。

しかし、**人間関係は、長く続けることが目的ではありません。**

続ける努力はするとしても、長く続けることが目的になってしまうと、いつしか

「歪み」や「違和感」を見ないふりしたり、誤魔化したりしてしまうからです。

間違っていただきたくないので繰り返しますが、「半年毎に人間関係を変えなさい」と言っているのではありません。

まして、相手を査定しなさいというのでもありません。

自分の夢や成長度により、居場所が変化するのは自然な流れなので、**「自身の今の段階に合った人間関係が順調に育まれているか？」**と自問するということです。

そもそも人間関係とは、どこで構築された関係でも、「◯◯なら（恋人なら、家族なら、社員なら、友人なら……）こうあるべきだ」と枠にはめて関係の濃度を強いることはできません。

枠にはめれば自由意志が失われますから、やがて、平和な関係が損なわれます。

では、ここでいう「人間関係の見直し」について、具体例を出しましょう。

たとえば、資格試験取得のために予備校に通うとします。期間が半年間として、在籍期間中に予備校の仲間との関係が濃くなり、卒業後はそれぞれの生活に戻り、関係が薄れていく人がいるのは、自然なことです。

また、小中学校の親友と、大人になるまで交友が続いていたとしても、子育て中の女性と子どものいない女性では、時間配分や興味の優先度が異なって当然です。

こうして見ると、「そんなの当たり前」だと思われるかもしれません。

しかし、関係が薄くなることに、罪悪感を抱く方が少なくないのです。

どちらかと言うと女性に多いご相談ですが、「ＬＩＮＥグループから抜けるのに、気が引ける」とおっしゃいます。

厳しい言い方になるかもしれませんが、**目的のない行動を続けていると、雰囲気に流されて、人生の貴重な時間を無駄にする**ばかりです。

第４章でも詳しくお伝えしますが、誰もがいつかはこの肉体と別れます。

プライベートの友人や恋人、家族と過ごす時間を、最大限に取ったとしても、いつか終わりは来てしまうのです。

誰かと過ごす1時間は、自分の1時間の寿命を差し出していると自覚しているでしょうか。

逆に、自分は大事な人の寿命をいただくに値するものを、贈っているでしょうか。

これは、人間関係において、常に必要な問いかけです。

「終わり」を意識することは、相手も自分も敬うことになるからです。

では、ここで簡単なワークをしてみましょう。

この半年間で最も頻繁に交流した人間関係を思い出してください。

それは、人生の目的に沿った関係でしょうか。

加えて、その人間関係の中で交わした会話の特徴や影響を受けた事柄、出かけた先なども確認してみましょう。

何を受け取り、何を与えたでしょうか。

前向きな発言が多かったでしょうか。それとも否定的な発言が多かったでしょうか。

学びのシェアがあったでしょうか。励まし合う仲間だったでしょうか。

もし、ゴシップネタや欠席裁判のような、誰かの噂話に興じている時間が多かったなら、自分の人生の目的を、もう一度考え直す時間を設けた方がいいでしょう。


今の人間関係が、人生の目的に沿っていないのなら、変えることです。

その見直しのサイクルが半年というのは、決して短くはありません。

1年も経てば、考えることも変わります。

だからこそ、これからもまた共に成長していける人に感謝を忘れないことです。

まとめ

肉体がある以上、「時間＝寿命」です。

人間関係は、寿命の費やしどころなのです。

みんな自分が信じた世界に住んでいる

みんな自分が見たいものを見て、自分が聞きたいことを聞き、自分が感じたいことを感じています。

自分が生きている現実世界は、自分がオーラの中に入れているエネルギーの投影であり、自分が選択し、自分が創っています。

パラレルワールドという言葉を聞いたことがあるでしょうか。

SFや物理学の分野で使われる言葉なのですが、文字通り、並行世界・並行宇宙・並行時空と言われるものです。

自分の人生をどのようにしたいかを決めることは、どのパラレルワールドに生きる

かを決めることと同意です。

わかりやすい例を挙げると、大学入学時はA大学とB大学のどちらに入学するのか、決めなくてはいけません。

18歳で入学したのがA大学であれば、B大学に18歳で入学していた自分やそこに関わる世界を見ることはできません。

選択を後悔したくないのなら、「A大学を選んでよかった」という**証明をその後の人生で集めていく**必要があります。

しかし、もし「B大学の方が良かったのではないか」という思いをオーラの中に入れている場合、パラレルワールドで起こることは、B大学の良い評判を頻繁に見聞きし、B大卒の著名人の活躍ばかりが目につき、下手したら社会人になっても、B大卒の同期が先に出世する場面に遭遇するでしょう。

それは、「B大学の方が良かったのではないか」という証拠を集めるからです。

本意ではないのに「やっぱりB大学に行けば良かった」という思いを強める事象ばかり目にして生きているようになります。

つまり、オーラの中に入れているエネルギーが投影されるというのは、それを望んでいようがいまいが、**オーラの中にある強いエネルギーの世界を生きる**のです。

もう一つ、人は自分が見たいものを見て、聞きたいことを聞いている事例を紹介します。

私が、友人とある方の講演に参加した時です。

終演後、友人と食事をしながら、今の講演について互いの感想をシェアしあうと、隣で同じ時間に同じ講演を聞いていたのにもかかわらず、注目していたところが全く違っていました。

彼女の仕事は、イベントを企画運営するプロデューサーなので、観客の導線やアンケートの回収、壇上の花の位置など、主催者側の視点で講演を見ています。

一方の私は、講演内容の構成や登壇者の話し方、カリスマ性など、講師に注目していたのでした。

このように、目の前で起こっていることは同じでも、自分と他人で、存在する世界が違うように感じたことが、一度や二度あるのではないでしょうか。

他にも、Aさんを知るBさんが「あの人はいい人だよ」と評し、Cさんが「Aさんは悪い人だよ」と言うことは往々にしてあることです。

一つの情報に触れて、恐れる人と全く気にしない人。

同調圧力に屈する人とマイペースを崩さない人。

分け合う仲間がいる人と自分のものは自分のものと譲らない人。

などなど、人は自分が生きたい世界で生きています。

大事なことは、**今いる世界は自分で選んでいると自覚がなければ、不本意なことがあったときに、ただ不満を抱える人生になってしまう**ということです。

しかし、どうか難しく考えないでください。不満を感じたら、自分がどこに不満を感じているか内観し、変えればいいのです。

人から批判されてイヤな思いをしたのなら、まずは自分の中にある批判のエネルギーを捨ててください。そして今後は、人を批判しない人たちの世界にいるために、自分も他人や自分自身を批判しないと決めましょう。

優しい人たちと一緒にいたいのなら、自分が優しい人間になることです。

愛してくれるパートナーが欲しいなら、自ら他人や自分自身を愛してください。

不足の世界が辛いなら、すでに足りていることを見回してみましょう。

まとめ

世界は、無理矢理神様に充てがわれたものではありません。
自分が意識を向けたものがやって来るのです。

自分で自分を侮辱するような人生を生きては、つまらない

「あなたは、もっとできる人なのに」と言われたことはありませんか？

多くの方が、自分の能力に対し、謙遜しすぎです。

謙遜は他者に対しては美徳でも、自分自身に向けたときは、侮辱になります。自分で自分の才能を低く見積もっては、人生に「つまらない」と感じる場面が増えてしまうので、注意してください。「つまらない」は、運気を落とすアラートです（82ページ参照）。

隠れた才能の引き出し方を紹介する前に、理屈の理解のため、セッションで行っている流れからお伝えします。

私がセッションで、その方の秘めた才能を透視してお伝えすると、お客様からは、「そんなことが私にできるのですか？」

と目とオーラをキラキラ輝かせながら、この言葉が返ってきます。そこで私は、

「それを聞いてどうですか？　やりたいですか？」

と、あえて質問に質問で返します。そして、

「そうですね、そんなことができたら、すごく嬉しいです」

とおっしゃる方は、行動に移し、やがて叶えます。

可能性があるのに、それをやらない人生は、この世を去るときに後悔します。ですから人は行動するのです。

この後セッションでは、お客様のオーラの再構築をします。オーラから能力の限界への思い込みを捨て、才能を前面に出せる（信じられる）、高い波動のオーラにするのです。

人は高い波動を好みます。一度高い波動を味わうと、無意識にオーラを高い波動の

ままキープしたくなるのです。

実際のセッションでは、この才能の確認が終われば、すかさず具体案に移ります。

そして、「実現するためにはどうするか」と、プランを詰めていきます。

後は、実生活でプランに従って行動するのみです。

行動することで、上がったオーラの波動が下がりにくくなり、そのうちに高い波動と釣り合った現実が人生に現れます。

つまり、**先にオーラを高い波動にしてから実行する**ということ。

以下は、お客様が、自分の才能を信じて実現された一例です。

✦画家を諦めた方が、もう一度コンクールにトライして入賞

✦漫画家への夢を諦め事務職をしていた方が、全国紙の雑誌連載決定

✦海外で細々と仕事をしていたグラフィックデザイナーの方が、１年後にはメジャーアーティストのミュージックビデオをディレクション

✦**アルバイトを掛け持ちしていた女優志望の方が、連ドラデビュー**
✦**その他、起業、講座開設、出版、TV出演、ヘッドハンティングで転職、留学、ワンランク高いレベルの難関校合格**

など、これ以外にもさまざまなお客様が、夢を叶えられました。

しかしなぜ、「これができる」と言われただけで信じ、才能を発揮するための努力を真摯に行えるのでしょうか。その理由は二つあります。

一つは、**深い部分（無意識と言ってもいいでしょう）では、知っていた**から。

もう一つは、**自分を大事にすると決めたからです。**

さて、セッションを受けずに波動を高く上げる方法ですが、セッションの手順をセルフワークで行えば、同じ効果が得られます。

まず、「私の人生の最高の状態（高い波動）ってどんな状態だろう」と目を閉じて、イメージします。

次に、イメージできたことを信じます。自分を否定したり、可能性の芽を摘んだりしないように注意します（紙にイメージした絵を描いておくことをお勧めします）。

イメージは願望で大丈夫です。なぜなら、そもそも、自分の才能にないものを「やりたい」とは、思わないからです。

できる可能性があるのに、自分にそれをやらせてあげないのは、自分自身に対する侮辱です。自分を侮辱しながら、自分を大事にはできませんし、自分を侮辱しているとチャンスを与える人も出てきてくれません。

才能を見つけることは、自分を愛することでもあるのです。

まとめ

自分にやりたいことをやらせてあげることは、自分を愛することです。

誠意を尽くして嫌われたなら、あなたのせいじゃない

「あなたが、相手のためを思って精一杯差し出した愛を、相手が『気に入らない』と言うのなら、それはあなたの問題ではありません」

これは、恋愛関係に疲れた方にかけた言葉ですが、恋愛に限らず人間関係にも言えることです。

人は、自分の都合に合わせて好き・嫌いを分け、他者を自分の見たいように見ます。「良い人だよ」と誰かが言うときは、「(自分にとって)良い人」であり、「悪い人だよ」と誰かが言うときは、「(自分にとって)悪い人」と、ただ評価しているに過ぎません。

知っておいてほしいのは、人をジャッジすることの善し悪しよりも、「人の評価とは、そういうもの」だということです。

これは、自分が他者を見るときも同様です。

自分のフィルターを通して、人を見ているだけ。

このことを心に留めておくだけで、他者への批判はグッと減るでしょう。

全ての人に好かれることはありませんし、全ての人を同じ熱量で好きになるのも難しいでしょう。たとえできても、肉体を持つ人間である以上、また、世俗を生きる人なら、日常で悟りの境地に至る時間は、ほんの一瞬でしかないはずです。

みんなそれぞれに自分のルールを持ち、それに従って、アイデンティティ（自己認識）を持っているのが人間です。

自分が自分の意思を持って生きなければ、誰かのクローンになってしまいます。

生まれてきた意味、使命を生きるためにも、自分のアイデンティティは必要です。

しかし、自分らしくいることが、他人を批判していい理由にはなりません。自分と他者の違いに敬意を払うことを忘れたとき、人間の最も弱い姿が露呈します。

それが、いじめ、パワハラ・モラハラです。

自分と他者の違いを、ただそのまま「違い」として受け入れられない原因は、自分のアイデンティティがないからです。違うことが不安なのです。

自分の存在をしっかりと掴んでいないとき、人に「自分と同じ」を求めます。


あなたの「正しい」は、他人の「正しい」ではないかもしれない。

あなたの差し出す「愛」は、他人の受け取りたい「愛」ではないかもしれない。

部分的に重なるところがあるかもしれませんが、全てが一致するとは限りません。

そう考えたら、「どんなに誠意を尽くしても嫌われることは、仕方ないことかもしれない……」と思えませんか?


冒頭の彼女とのやり取りには、続きがあります。

「でも、私の差し出す愛の方が、間違っているのかも……」

と彼女は言いました。相手のためなら自分の方が変わることを厭わないという言葉です。

「そう思うなら、自分の差し出す愛を変えてみるのもいいかもしれませんね」と答えました。私は彼女が差し出す愛を、他の人だったら喜んで受け取ってくれたのではないかと思います。

しかし、なぜ先述のように答えたかというと、彼女自身が自分の「愛」に確信を持っていなかったからです。

彼女には彼女の「愛」を自分で見つける自由があります。彼女には彼女のフィルターがあり、なにが正解なのかは、人間の数だけあって当然なのです。

まとめ

相手からの評価は、相手が見たいように見た相手のもの。自分からの評価も自分が見たいように見た自分のものです。

損得勘定を手放した人から得をする

損得勘定を手放さない限り、運も人脈もお金も手に入りません。

どんなに熱心に祈っても、神社を巡っても、損得勘定がある限り、豊さとは繋がれないでしょう。

なぜなら、**豊かさは「愛」ですが、損得勘定は「恐れ」**だからです。

「愛」と「恐れ」は対極にあるエネルギーなので、相容れません。

損得勘定の「恐れ」のエネルギーとは、自分が得をしていないと「不安」「心配」、あるいは「不快」「居心地が悪い」という状態です。得をしている間は、不安を忘れていられますが、損をするのが恐くて、人に多くを与えることができません。

すると当たり前ですが、人は離れていきます。お金も寄って来ません。

お金は、人の間を循環しているエネルギーなので、人に嫌われれば、お金の流れが目の前を通ることがなくなってしまいます。

更に、卑しいエネルギーは、神様ともかけ離れたエネルギーなので、神様のお使い役にもなれません。


損得勘定のエネルギーがオーラの中にあると、極端な話、欲深い者が行く死後の世界、「餓鬼道《がきどう》」に落ちた状態と同じです。

オーラの状態は外側の世界にも現れますから、不足を感じ、奪い合い、独占、搾取といった行動を引き寄せます。

そのようなオーラでは、分かち合いのマインドで豊かな生活を前提に生きている人たちの仲間に入れないのは、おわかりいただけるでしょう。


しかし、ここで間違ってはいけないのは、「損得勘定を手放せば、得をする」と考えることです。

得するために、損得勘定を手放すのでは、手放していることにはなりません。

損得勘定を手放すには、自己信頼が必要です。

自己信頼とは「私は正しい」と思うことではなく、「自分は大丈夫」と思えること。

では、「大丈夫」と思うためには、どうしたら良いのでしょうか。

自己信頼が高い人の特徴は、まず、自分との約束を守れることです。

自分との約束を守れるようになるには、自分自身を知っていなければできません。

そのための方法は、いくつかありますが、私がお勧めするのは、もちろん瞑想です。

自分と対話して、内なる叡智と繋がり、選択、決断ができるようになるからです。

また、できれば、一度断食をしてみることをお勧めします（ただ、持病をお持ちの方や心配な方は、医師の診断を仰いでください）。

最初は、一日断食から始めてみると良いでしょう。

自分と「一日断食する」と約束します。

この段階での目的は、すごく厳しいことを達成するのではなく、自分との約束を守ること。自分をよく知ることです。

不安なら、最初は断食のインストラクターなどについて、指導を受けながらでいいと思いますが、ここでの目的は内観と自己信頼ですから、「言われた通り」という体験だけでは意味がありません。

「案外平気だな」「少しだるくなってきた」「無理はしないでおこう」など、自分の状態をよく観察してください。

自分自身に対する目算の成功体験が増えるほど、自己信頼が高まります。

私は断食を本で学び、自己流で一～三日断食を数回行った後、九七日までやってみました。

七日間断食しても、仕事も普通にこなせましたし、体力も落ちませんでした。

これによって、生存や不足に対する恐れがなくなりました。

オーラの中に恐れがなければ、執着がなくなり、人に平気で譲れますし、人に喜んでもらえれば、好循環が起こり、豊かな人間関係に繋がれるようになるのです。

まとめ

損か得かを考える必要がなくなると不安は消え、人と豊かさを交換しあえます。

第4章

肉体は、
魂の乗り物

人生がうまくいかないのは、内なる叡智が寝ているから

誰でもその人の中に叡智を持っています。

その**内なる叡智は、あなたの人生専門の司令塔**のような役割を果たします。

内なる叡智と繋がり、叡智の情報を活かせば、人生がうまく進み充実するのです。


あなたの周りに「あの人は強運だな」と思う人はいませんか？

たとえば、何かを始めたいと思うと、いつもタイミングよくチャンスが巡ってきて、必要なときに必要な人脈を引き寄せ、結果を出す人。

また、プライベートも充実していて、愛する人たちに囲まれているような人です。

その人たちは、内なる叡智と繋がっています。

では、内なる叡智と繋がっている人、すなわち強運の人は、そうでない人と比べ、どんな違いがあるのでしょうか。

「強運の人」とそうではない人を比べた時、オーラの中に差が出るポイントがあります。それは強運の人の方が**「茶目っ気」「無邪気さ」のエネルギーが多い**のです。

これは、今まで私が視てきた限り、共通しているポイントです。

この強運のオーラのポイントは、著名人をテレビやインターネットで視ていても同じです。

たとえば、お笑いビック３と言われる、タモリさん・ビートたけしさん・明石家さんまさんなどは、オーラを透視できなくても、なんとなくおわかりいただけるのではないでしょうか。

また、強運と言われた歴代の総理大臣も、どこかチャーミングなオーラの持ち主です。

実際に、セッションでお会いするお客様たちも、強運な人というのは、どんなに深刻な相談でいらしても、深刻になりきらない軽やかさを携えています。
ここが非常に重要なポイントなのです。

どんなに状況が深刻でも、落ち込みすぎない。抜け道を探す。希望はあると信じている。

結局、そういった人のオーラは波動が落ちないので、オーラが動いて状況を変え、比較的早く抜け道を見つけられるものです。

片や、幸運が簡単に手の平からこぼれ落ちてしまうような人は、平気で「絶望感」をあらわにします。「不幸慣れしている」という状態です。

不幸が似合ってはいけません。

そして、「八方塞がりです」と平気で言います。「八方塞がり」という言葉は、呪いの言葉です。

私はこの言葉を聞くと、慌てて浄化します（ごめんなさい、この本の読者の皆様にも今読ませてしまいましたけど、すぐオーラの外に捨ててくださいね）。

ちなみに、イヤな感情を忘れるために、アルコールやドラッグに逃げるのは、本末転倒です。

アルコールやドラッグは、オーラを麻痺させているだけなので、いくら陽気になっても、波動が高まるわけではありません。

つまり、子どものように無邪気な気持ちでいれば、オーラの波動が高く、運の巡りも良くなるのです。

好きなことをしている人の方が、成功しやすいということにも繋がっています。

また、内なる叡智との繋がりは、**鬱々と三日間くらい泣いて過ごしていると、叡智の方から繋がりを諦めて寝てしまいます**ので、注意してください。

内なる叡智が、この世での使命を達成するには、肉体という実働してくれる乗り物が必要です。

その肉体が体験を拒否して泣いてばかりいたら、「決めてきた使命は、この肉体では無理そうだな。来世にしよう」と繋がりを諦めてしまいます。

ですから、困った状況ならば、内なる叡智に話しかけ、抜け道を聞いてください。声として聞こえなくても、何がしかのシグナルを数日間のうちに送ってくれるはずです。

まとめ

困ったときほど、オーラの中の深刻さを手放す時です。

肉体は、この世で使命を達成するための乗り物です

魂は永遠、肉体には期限があります。

この違いをきちんと意識して毎日を過ごしているのと、していないのとでは、人生の充実度が大きく違ってくるでしょう。

私たちは、自分の使命（課題）を達成するのに適した「肉体」「時代」「環境」を選んで生まれてきます。今世で成しえなかった残りの課題は、来世に繰り越されます。

私はこれを知ったとき、「なんて合理的な考え方なんだ」と感動を覚えました。

まず、これを知ると**宿命に対する文句がなくなります。**

今をどんなに不幸に感じていても、どんな逆境にあっても、親のせいや環境のせいにしなくなります。

不満に感じているということは、まだその環境を凌駕《りょうが》できていないだけで、状況の恩恵はあるわけです。

事実、人は生まれた環境を受け入れ、凌駕できたときに、自分の過去と今の全てに感謝できるようになります。

未来を思い煩うこともありません。

必要な課題が必要な形でやってくるだけだと思えるようになるからです。

また、**自殺念慮《ねんりょ》が消えます。**

本当に辛い局面では、肉体を捨てて、この世から消えてしまいたくなることがあるかもしれません。

でも、この人生で達成すべき使命（課題）が残ったら、また来世で同じことをやらされます。辛い思いをしてきた人ほど「まっぴらごめん」と思うでしょう。

そして更に、**行動力が上がります。**

この世で生きるには肉体が必要で、それは、今世で使命を達成するのには時間制限があるということです。

しかも年齢を重ねるほど、要領はよくなっても、肉体自体の活動量は衰えますから、時間効率を上げるか行動力を上げるか、もしくは健康年齢を延ばすことでしか、今世で達成できることを増やす術はありません。

そこで、時間効率のために、**瞑想で迷う時間を短縮する**ことをお勧めしています。

健康年齢については、ストレスをできるだけ溜めず、栄養状態に気を配り、適度な運動をして肉体の機能を維持するという当たり前の努力をする。

どんなに世の中が混沌としていても、今できることに集中していれば、不安を感じる隙がありません。

その上で「神様が決めた期限ならそれが一番いいのだろう」という覚悟を持つことが、内なる叡智と繋がって生きることになります。

「でも、今体の具合が悪くて、使命に生きているとは、とても思えない状態です」という方が、時々いらっしゃいます。

病気は、原因を透視するとさまざまですが、**共通しているのは、「ストレス」**です。肉体を持っている以上、この世で生きるのに環境のストレスは避けられないことです。しかし、それでもできるだけ使命を阻むストレスを避けることが、人間に生まれて来た使命に含まれる学びでもあります。

そこで、健康でいるためのセルフワークとして、**「人生をやり直せるとしたら、これは選択したくないな」ということをピックアップ**してみましょう。

あなたの中の内なる叡智が「もうそれは止めて」というシグナルを出すとき、病気という表現を使うことが多々あります。我慢を手放す時期なのです。

私の経験でも、サラリーマンだったグラフィックデザイナー時代には、年に1、2回は、39度以上の熱を出していました。

一方、透視リーダーとして使命を生きるようになって10年以上になりますが、１回も寝込んでいません。

当時の私は、非常にストレスフルでした。

今も徹夜をすることはありますし、就労時間もサラリーマン時代とさほど変わりません。休日はむしろ少ないくらいですが、毎日が真剣に趣味をしているようなものなので、ストレスがありません。そこが当時との違いです。

人生は「ここからここまで」と区切られた時間です。長い人も短い人もいます。充実した人生のために、肉体を大事にできるといいですね。

まとめ

使命は、肉体と内なる叡智と二人三脚で達成するものです。

一週間に一度、体と約束する

毎日、自分の身体にどれくらい話しかけていますか？
目が覚めた瞬間から、体はメッセージを伝えてきます。

爽快、よく寝た、すっきり、軽い、調子がいい、お腹が空いた、眠い、だるい、筋肉痛、頭が痛い、腰が痛い、首が痛い、寒い、暑い、昨日食べ過ぎた、仕事に行きたくない、面倒臭い、何をしよう……、などなど。

肉体が伝えてくる不快のメッセージを何日も放置していると、ある日突然、強制的に休むことを求めてきます（一週間以上の放置は、肉体のバランスが崩れる）。ですからその前に**肉体と交渉する術を身につけてください。**

「忙しくて体に負担がかかる日が、まだまだ続くなぁ」というときも、勝手に肉体に状況を押しつけたりせずに、肉体に事情を話し、希望を聞いて、相談します。

具体的には、次のように聞きます。

「◯◯が終わる◯日までゆっくりできる日が取れそうにないの、ごめんね。それまで頑張れるかな？　この**一週間以内に何かしてほしいことはある？**」

ちなみに、この「内なる叡智や肉体に聞く」というエネルギーワークをお客様に伝えると、「それは声で答えが聞こえないとダメですか？」や「内なる叡智や肉体の声ではなくて、自分の思い込みだと思うのですが、間違っていますか？」と質問されます。

声で聞こえなくても、思い込みだと思っても、「そんな気がする」で大丈夫なので、検証してみてください。自分の感覚に確信を強めていくには、検証を繰り返すことが重要です。

何よりも**自分に関心を向け、自分の面倒を自分で見る（責任を持つ）と自分のエネルギーに敏感になります。**

話を、ワークに戻しましょう。

もし肉体から、一度にたくさんの要望が返ってきたら、できそうなことを一つだけ約束します。

たとえば、「お寿司が食べたい」「鍼灸に行きたい」「水曜日は、0時前に寝たい」「温泉に入りたい」などいくつも返ってきたら、1週間のうちに守れること一つを約束してください。

少し、ハードルが高い要求ばかりだったら、「水曜日に0時は難しいけど、水曜日と木曜日に25時半には寝るようにするのでどう？」といった具合に、交渉します。

そして、肉体との約束は必ず守ります。守れそうにない約束は、してはいけません。できる約束をして、必ず守ることがコツです（いいですか、「必ず」ですよ！）。

こちらの事情だけを話し、肉体の希望は聞かずに我慢だけさせるのは、絶対にダメです。

そして、**できない約束をして、守らなかった場合は信頼関係を失います。**

私たちが、この世でやりたいことをやれるのは、肉体という乗り物があるからです。その肉体の声を無視して、好き勝手には生きていけません。

しかし、多くの人が発熱したり、具合が悪くなったりして、初めて体に意識を向けます。

今、怪我をしたり体調を崩されたりしている方も、肉体に話しかけてください。自分や肉体を責めるのではなく、**「今、心地良いと思うことは何？」「欲しいものはある？」と聞いてあげる**のです。

叶えられそうなことは叶えてあげればいいし、叶えられそうになくても「ゆっくり治ればいいから」「心配ない」「共にいるよ」と話しかけてあげることも、肉体に対する大切な愛情表現です。

自分の肉体に最も優しく声をかけるのは、家族でも医者でも他の誰でもなく、自分自身でなくてはいけません。

今世での使命を達成するには、人間関係同様、肉体との信頼関係が必須なのです。

まとめ

健康は、肉体との信頼関係に比例します。
肉体とのコミュニケーション不足は、不調を引き寄せます。

第5章

お金は、エネルギー

「退屈」と「資金繰り悪化」の関係

急に**資金繰りが悪化するのは、トップの士気が下がっているから**です。

実は、資金繰りの問題が出る前に、事業に対しトップに飽きが来ています。

オーラの中に「飽きました」と書いてあるのです。

逆に言うならば、**社長とは、世界中の誰よりも、その事業に情熱を燃やし続けていられる人**のことを指します。

それは、創業者の父親から仕方なしに引き継いで会社を潰してしまう二代目が多いことからも、うかがい知ることができるでしょう。

しかし問題は、飽きている自覚がない場合の経営悪化です。

数字だけを追っていると、経営が順調な時に「退屈のエネルギー」が侵食し始めるのを見落とします。

自分の会社に対する愛情の所在を自分のオーラの中に意識していないと、あっという間に足元をすくわれるのです。

名だたる世界のトップ企業や優秀なリーダーが瞑想の重要性を説くのは、**自分のエネルギーが組織全体に及ぶ**ことを熟知しているからです。

自分のエネルギー状態さえ把握できていない経営者が、顧客の潜在ニーズを察知する力を持てるわけがありません。

事業が傾く前に、自分の情熱が枯れていないか、従業員が仕事に情熱と誇りを抱いているかを測ってください。そして、もし失い始めていることに気づいたなら、至急、改革を行ってください。

企業が抱いているエネルギーは、やがてお客様に伝わります。

オーラに現れていることは、目に見えなくても伝わります。

そこで、次の質問を自分自身に投げかけてみてください。

「もし神様が、今からもう一度チャンスをくれると言うなら、全く同じ内容の同じもの（サービス）を作るだろうか」

変更したい点が見えたら、リニューアルするヒントになりますし、全く違うことを始めたくなるかもしれません。

悪化は、一見マイナスの出来事ですが、あなたの人生と才能の活かし方を知る内なる叡智からすれば、「そろそろ路線変更しよう！」というお誘いに過ぎないのです。

鍼灸治療院を営むリピーターのS様は、治療院のウリ（USP）を大きく変更し、美容にポジショニングしようとしていました。

そこで、客層に合わせた場所に移転、価格も変更することにしました。

東京23区内での移転とは言え、今までのお客様が足を運んでくれるかを懸念していては、できない決断です。事実、Ｓ様もその点を一番心配されていました。

しかし、いざ移転先が決まると、Ｓ様は、こう話してくださいました。

「楽しいです。今までのお客様も『もちろん、行きますよ』と言ってくださるのです。自分でもこんなにやる気が湧いてくるなんて思ってもみませんでした」

オープン後は、既存客はもちろん、紹介のお客様が続々と増えているそうです。

店主が元気なオーラでいるのが、一番効果的な広告です。


あなたはどれくらい自分の仕事に情熱を持っているでしょうか。

「世界一自分の仕事を愛している」と常に言える状態なら、あなたの事業は顧客に愛され続けるでしょう。

まとめ

仕事に対する愛情が、一番の広告です。

お金で幸せを買うことの成否

お金は、不便さを解消して快適さを与えてくれる、便利なものです。

しかし、お金で幸せを買えるかというと、一概にそうとは言えません。

何を幸せとするかは人それぞれですが、往々にして、お金で手に入る幸せなどは、享楽的なものや即物的なものを指すことが多く、

「お金で買える幸せが欲しいなら、さっさと体験してしまって、もっと本質的な幸せのために人生を使った方がいい」

と、本書を手にしてくださった方の叡智ならおっしゃりそうです。


では、本質的な幸せとはなんでしょう。

それは、**自分の能力で人を幸せにできたり、喜んでもらえたりすることです。**

利他的貢献ができたとき、同時に自分が満たされるのです。

喜んでお手伝いをする子どもは、それをすでに知っています。

子どもの頃に無償でやっていたことに天職のヒントがあるのも、本質的な幸せが利他の精神にあるからです。

どんなにお金を積んでも、愛は買えません。

もし、お金で結婚相手や友人を得たとしたら、その人たちは、あなたを愛しているのではなくて、お金がもたらす快適さが好きなのです。

また、**お金で能力も買えません。**

裏口入学は、お金で学歴を買っただけで、能力は上がりません。

もちろん、人に愛を表現するのにお金が役立つ時はありますし、能力を身につけるのに優秀な指導者をつけたり、効率を上げるための環境を整えたりと、お金があるほど願望を叶えやすく、幸せを手に入れやすくなることは、確かにあります。

そこが、冒頭で「お金は不便さを解消する便利なもの」と書いた理由です。

しかし、お金がなければ幸せになれないと、決まるものでもありません。


そして、逆説的な言い方ですが、**自分の能力を利他的貢献に使う人ほど、結局は、お金持ちになります。**


誰だって、自分に幸せをたくさんくれる人からサービスを得たいからです。

「うちの店、店主がケチで怠け者だから、良い食材は絶対に使わないし、料理の研鑽なんてしたことないけど、食べてみて」

というお店が繁盛するわけがありませんよね。店主自身も、利他には程遠く、楽しく仕事をしていないのなら、幸せとは言い難いでしょう。


仕事を受ける時も同じです。

「この仕事で誰が喜ぶの？」

と自問したとき、自分が得をすることが先に頭に浮かんだ人は、次第に仕事に呼ばれなくなります。

「幸せなお金持ち」になるには、**誰を喜ばせたいかが見えていなければなれません。**

よく成功者が成功の秘訣を聞かれたときに「運が良かっただけです」「皆さんの応援があったからです」と言っているのを聞きますが、その方々のオーラを視ると「誰を喜ばせたいか」の答えが、ちゃんと描かれてあるのです。

「自分だけのため」というのは、案外早く限界が来ます。

「これくらいで満足」というレベルに至るのが早いのです。

でも、家族のため、スタッフのため、生徒のため、日本のため、世界のため、次世代のため……と、喜ばせたい人が増えるほど限界は遠く、大きな夢になります。

自分の能力を利他的貢献に使った成功者が、思いもよらない場所にまで、押し上げ

られるのは、

「あの人を応援すると、みんなを幸せにしてくれそうだ」

と、神様や人が応援しているからなのです。

お金は、確かに不便さやマイナスを解消してくれます。

しかし、お金だけで幸せを買おうとすると、単なる不安や不足といった恐れの穴埋めになってしまいます。そして、それによって人生や生活が翻弄され、そこに愛が同居できません。

本当の幸せと幸せなお金持ちを目指すのなら、**差し出す愛が必要**になります。

まとめ

自分の能力を利他的貢献に使う人ほど、神様に味方され、お金が集まります。

臨時収入を得るには、コツがある

臨時収入を得るコツは、何に使いたいのか、何が欲しいのか、使い道を決めることです。

「1000万円が欲しい」とお客様に言われたら、「何に使いたいのですか？」と必ず伺います。それは、その願いを叶えるためです。

即答された場合には、もう少し「ツッコミ」を入れます。

たとえば、「リフォーム代に」あるいは「高級車を」などと答えられた場合は、具体的な金額を調べてもらい、理想の写真などのビジュアルを探していただくのです。

それはまるで宇宙に「これをください」と注文書を出すように。あるいは、子どもの頃にサンタクロースにお願いをしたときのように、具体的に考えていただきます。

願うときのコツは、軽やかに、疑わず、です。

執着するより「本当に叶ってしまったら、どうしよう！」というくらい、少しユーモアのエネルギーを保っていてください。

お金はエネルギー、そして、便利なツールです。

「お金はエネルギー」の意味を理解するには、**エネルギー＝電力**と考えてください。電力を「500ワット欲しい」と言われても、電力を流す先や目的（「何に使うか」「どこに使うか」）がなければ、電力は意味を成しませんね。

またエネルギーは、必要なところに先に供給され、世の中を循環しています。ですから、欲しい時は使い道を決める必要があるのです。

そして、「お金は便利なツール」とは、小さな金額のお金は「スコップ」、大きな金額は「シャベルカー」に例えるとわかりやすいのではないでしょうか。

金額が大きいほど、大きな仕事ができます。

エネルギーやツールも使い道が決まって初めて事を成すように、お金も同様です。

タンスに貯金があっても、お札は紙切れです。「安心」というエネルギーにはなるかもしれませんが、今この瞬間、実際に役立っているわけではありません。

私はセッションの中で時々、お客様の〝新月の願い〟を書いたシートの添削をさせていただきます（新月の願いとは、月齢が新月になったタイミングで願いごとを書き出すエネルギーワークです）。

その時によく、「私は、宝くじが当たりました」と書いている方を見かけます。

この場合も使い道が大事なので、「宝くじが当たったら、何に使いたいのですか?」と伺います。

あるお客様は、「息子と主人にお小遣いをあげたい」とおっしゃいました。「では、『私は臨時収入を得て、息子と主人にお小遣いをあげました』と書いて、宝くじを買ってください」とお願いしたところ、「10万円の宝くじが当たりました」と、後日連絡をいただきました。


また、ある奥様が、英会話を自宅で学べる教材を探していた時、旦那さんと息子さん、奥様のご両親と一緒に沖縄旅行へ行ったそうです。

旦那さんは、日頃の感謝のつもりで、義理の両親の旅費を自分たちが全額払う気でいました。ところが、ご両親がお金の入った封筒を手渡して来られたのです(そのとき、金額がいくらなのかはわかっていませんでした)。

「受け取れません」「いやいや納めてください」の押し問答の末、ご両親が「じゃあ、これだけ」と封筒から1万円札を2枚抜き、渡してくれたそうです。

帰宅後、何も知らない奥様は、「英会話の教材に、8万4千円かかるけど、いい？」と、旦那さんに相談されました。そこで、ご両親からいただいた封筒を開けてみると、驚いたことに、８万円が入っていたそうです。
奥様は、「使い道を決めると、お金は本当に入ってくるのですね」と嬉しそうに連絡をくださいました。

このようにお金は、「これをください」と、使い道を決めれば入って来ます。
なかなか入ってこない場合は、入り方を限定し過ぎです。
宇宙の演出はクリエイティブなので、願ったら安心して待っていてください。

まとめ

お金はエネルギーです。
使い道を決めれば、使う分のエネルギーが流れて来ます。

お金を受け取れないのは、自分のお金だと思っているから

好きな仕事で独立したものの、「お客様に対価を請求し辛い」と言う人が時々いらっしゃいます。

自分の仕事は、趣味が高じて仕事になったようなものだから、お金を受け取るのが心苦しいのだそうです。

きちんと個人事業主として納税し、事業をスタートしているにもかかわらず、対価を受け取れないのは、「稼いだお金は、自分のお金」だと思っているからです。

収入を増やしていける人や、抵抗なくお金を受け取れる人は、受け取ることに罪悪

感がありません。

それは、自分が働いて稼いだお金であっても、金銭は常に世の中を回っているものであって、**「自分の手元にある分は一時的にお借りしている」という感覚**だからです。

好きな仕事で上手にお金を受け取る人は、今日の仕事で得たお金を、「明日以降、お客様に提供するサービスの品質向上に使うものだ」と思っています。

あるいは、納税という形で世の中に還元するものであり、自分の生活や肉体のメンテナンスに使うお金でさえ、「自分が品質の良いサービスを提供し続けるために、皆様が貸してくださっているお金」だと思っています。

逆に、サービスを買う立場になった場合でも、好意でおまけしてもらったときは、感謝して受け取りますが、値切ることはしません。「ちゃんと払わせて」と言います。

一時的に手元にたくさんのお金が集まったとしても、それは借りたもの。

借りている電力（エネルギー）は、有効に使おうというくらいの感覚なのです。

ですから、受け取り下手の人は、一度**「多くいただいても、その分、経済を回す。あるいは、寄付をして還元する」**と考えてみてはいかがでしょうか。

もし、好きじゃない仕事の方が、躊躇なく対価を受け取れるのなら、それは、「好きなことは仕事とは呼べない。仕事は楽しいものではない」という概念があると気づいたほうがいいでしょう。

そうであるならば、サラリーとして受け取っていたのは**「我慢料」**になります。

我慢料だと抵抗なく受け取れ、好きなことで得るお金には罪悪感があるというのは、高い波動のサービスをお客様に提供するエネルギーと逆の話になります。

通常は、好きな仕事の方が、高品質です。寝食を忘れるほどエネルギーを費やしたものの方が、お客様にとっても価値あるものに仕上がっているはずです。

イヤイヤ仕上げた仕事には、低い波動が乗ります。

それを「我慢してやった仕事だから、高くていい」というのでは、それこそ低い波動をお渡しすることになり、お客様に失礼です。

対価を受け取るのに罪悪感を抱くべきは、むしろ、我慢して提供した低い波動の仕事でしょう。


サービスと対価は、エネルギーの交換です。

出したエネルギーの質と量に見合った対価のエネルギーをいただけます。

好きな仕事を一生懸命したことによって得るお金（エネルギー）なら、高品質ゆえに、たくさんのエネルギー（たくさんのお金）が返ってくるのです。


また、たくさんのエネルギーは、たくさんの人を助けられます。

「多くいただきすぎた」と思ったなら、エネルギーを集める能力がある自分を認め、今エネルギーが弱い人や不足している場所に、分けてあげましょう。

神様は、たくさんの人を幸せにするためにお金を使う人のところへ、お金を集めます。

その様子は、

「ここに集めると、みんなの幸せのために使ってくれるから、頼むね」
と、まるで金運の神様のスポークスマンに選ばれているようです。

まとめ

お金は、罪悪感なく受けとり、愛を乗せて手放しましょう。

お金に恵まれている人と、いつも足りない人

お金は、愛（優しさ）を周囲へ与えようとするところに集まります。
お金は、愛（優しさ）を周囲から奪おうとするところから逃げていきます。

わかりやすくするために、「お金」を「人」と「仕事」に変えましょう。

人は、愛（優しさ）を周囲へ与えようとするところに集まります。
人は、愛（優しさ）を周囲から奪おうとするところから逃げていきます。
仕事は、愛（優しさ）を周囲へ与えようとするところに集まります。
仕事は、愛（優しさ）を周囲から奪おうとするところから逃げていきます。

（日本人は、「愛」よりも「優しさ」と言った方が、イメージしやすいかもしれませんので、「優しさ」と補足しています）

お金に恵まれる人というのは、愛（優しさ）の出し惜しみをしません。

すでに、自分の中にたくさんの愛を持っているので、溢れた分を周囲に喜んで配ります。誰でも愛を（優しくして）くれる人が好きなので、周囲に人が集まるのです。

そして、お金は人が連れてきますので、自然と商売も繁盛します。

サラリーマンなら、高評価に繋がるでしょう。

一方で、いつもお金が足りないと嘆いている人は、自分を愛するための愛も足りていないので、周囲に「愛をちょうだい。優しくしてちょうだい」と、もらい尋ねる状態です。

周囲の人は、会うと愛をせびられるので、次第に面倒になり、避けるようになってしまいます。

愛（優しさ）が足りていないので、商売もお客様の得を考えるより、自分の方が多くもらおうと図ってしまいます。

当然、お客様は搾取される感覚があるので寄り付かなくなりますし、お勤めの人なら、「あの人と組むと、毎回こちらが消耗するからやめよう」とチャンスまで逃すことになるのです。

でも、「最初は与える分の愛がないのだから、もらおうとして当然」と思う人がいらっしゃるかもしれません（37ページの項目も参照してください）。

しかし、ここがキモです。

お金に恵まれている人は、お金がない時から、先に、愛（優しさ）を周囲に表現しています。先に人に親切にしています。

愛（優しさ）は、お金があろうとなかろうと差し出せるからです。

愛（優しさ）を差し出せるということは、すでに愛を持っている人になりますが、なぜすでにあるのでしょう。

それは、最初から「人に優しくする」と決めているからです。

私たちはみんな、神様の一部として生まれ落ちました。

ですから、本当は最初から「愛」を持っているのです。

「自分は優しく（愛を持って）ない」と思っている人は、**持っていないと決めてしまったか、そう教わってしまっただけ**です。

ないと思い込んでいるから、損をしないように恐れますし、ないと思っているから、外から補充しようとしているだけです。

ないと思っていたとしても、**誰のオーラの中にも必ず愛（優しさ）はあります。**

どこにも預けることなく、あなたのオーラの中に愛はずっとあるのです。

それを引っ張り出して、外の世界で使ってみてください。

最初はわずかな親切の形で結構です。

親切にできた自分を喜ぶと、オーラの中に愛が貯まりますので、更に愛を出せるようになります。

親切を繰り返していると、どんどん愛が貯まり、やがて愛が溢れます。

溢れた分の愛を周囲に分けると、人が集まり、人がお金を連れて来ます。

愛とお金の循環が続く無限ループです。

そして、お金に恵まれると余裕ができるので、人に優しくなり周囲にも優しい人が集まります。それは、同じエネルギーが引き合うからです。

「金持ちケンカせず」の世界の住人になれば、イライラした人とは縁遠くなります。

ますます互いに愛（優しさ）を循環させている人間関係と繋がるのです。

まとめ

お金は、愛の量に比例して増えます。

貯め込むほど不安が消えなくなる

行く末を案じ、お金を貯め込んでも、不安は消えません。

なぜなら、**オーラの中に不安をコツコツ貯めることになるから**です。

オーラの状態は事象として外側に現れます。不安は消えるどころか、ますます不安材料を集めることになります。

更に、「老後の不安」には、幸せから遠ざかるトラップがあります。

私がセッションを始めて間もない頃にお会いした方の言葉で、とても印象に残っているものがあります。

20代前半、社会人になりたてのＯＬさんです。失礼ながら、（セッション後は浄化してしまうので）お顔は忘れてしまいましたが、頭につけていたカチューシャのことはよく覚えています。

「老後が不安で不安で仕方ありません。老後のためにお金をもっと貯める方法が知りたいです。１００円ショップの物しか買わないようにはしているのですが……。このカチューシャも１００円です」

とおっしゃいました。

彼女がセッションで知りたかったのは、資産運用の方法ではなく、節約術でした。

１００円のカチューシャ自体は、「１００円でも素敵だね」というデザインでした。しかし問題は、彼女がそれを気に入って購入したのではなく、節約のために選んだ点です。

素敵なデザインのカチューシャだと伝えると、彼女はそのカチューシャを頭から外し、初めて商品を見るかのように、テーブルに置いたり手にとったりして、ひと通り眺めてから、

「本当はもっと欲しいのがあったのです。2000円くらいの」と、100円のカチューシャを頭に戻しながら寂しそうに言いました。

さて、彼女の何が問題なのでしょうか。

資産運用の方法はその道のプロに任せるとして、私の仕事は、彼女が持っているエネルギーをどう使えば、お金との関係を良くできるかをお伝えすることです。

多くの方が「老後の不安」で引っかかるトラップに、彼女もハマっていました。

彼女のエネルギーとお金との関係は、絡み合った二つの問題を抱えています。

まず一つ目の問題点は、彼女が「今を生きていないこと」です。

今を生きていないと、エネルギーも才能も発揮できません。今現在にパワーが集まらないからです。

想像してみてください。過去を回想しているときの自分のエネルギーは、スポーツをしているときほどパワフルでしょうか。弱いですよね。
未来を憂いているときも、同様です。

人は本来、今という瞬間にしか生きられません。今ここでしか、エネルギーを発揮できないのです。

もちろん、過去から学んだり、未来の計画を立てたりはできます。
しかし、実際に人が存在していられるところも、今しかありません。

未来は、今が連続した先の結果です。

楽しむタイミングを未来に設定してしまえば、次の瞬間も「未来に楽しむ」がやってきて、また次の瞬間も「未来に楽しむ」で、楽しめる未来は永遠に来ません。
今この瞬間に老後の心配をしているのなら、人生の大半は老後の心配をしたままになります。

「でも、ある時点でお金が貯まったら、その時から心配はなくなるのではないか？」

と思われるかもしれません。

そこで、二つ目の問題です。

お金の不安を解消するには、**「〝今〟に幸せを感じているオーラ」をまとう必要があります。**それにも関わらず、彼女は今に幸せを感じていませんでした。

ですから、今すぐ幸せを感じて、エネルギーを高めないといけません。

仕事と人は、エネルギーの高い人に集まります。エネルギーの高い人とは幸せを感じている人なのです。

節約をするなら苦行にするのではなく、ゲームのように楽しんでください。

「100円のカチューシャ」を喜べないのなら買わずにいましょう。**好きじゃないものを自分に与えるのは、節約ではなく浪費**です。

お金はエネルギーですから、浪費すれば幸せも枯渇します。

本当に気に入ったものを持っていれば、数は必要なくなります。

もちろん、老後の計画をするなということではありません。未来に夢も希望も、大いに描いてください。

しかし、未来の幸せのために今を惨めにしては、仕事もお金も大きくは入らないでしょう。

まとめ

人生を今すぐ楽しむことです。
そうすれば、老後の生活も楽しいままに、やってきます。

お金の不満を抱える人の、隠れた共通点

不満は自分で潰すものです。

少なくとも「自分で不満を潰していける」という考えがない限り、自分自身を愛することも、信頼することも難しいでしょう。


タフでいましょう。今そうでないなら、タフになりましょう。

なぜなら、タフでいないと状況や他人に従うしかなく、自分以外のエネルギーに振り回されてしまうからです。

その状況が続くと、ますます**自尊心を失います。**

振り回されたことに、憤りを募らせるだけでなく、状況に従うしかない自分自身に、

無意識にも怒りを向けるようになるからです。

不満を漏らす人のオーラは、「自分に一番不満を持っている」と教えてくれます。

また、**タフでないと、恐がりになってしまいます。**

子どもやお年寄りが恐がりなのは、自分には状況を変える力が足りないと思うからです。

自由意志を失うとき、人は最も大きく不満や不安を抱くものです。

しかし、自由には責任が伴いますし、自律していなければ自由でいられません。

自由意志を貫くにも、タフでなければできないのです。

では、どうしたら、タフさを身につけ、不満を自分で潰していけるのでしょう。

それにはまず、**行動力をつけること**です。

人が不満を漏らすとき、行動力が停止しています。そして何もできない状況に、不満を漏らすのです。

困ったとき、アイディアが沸かないときは、不満の感情に飲み込まれる前に、**「今自分にできることは本当にないのかな?」**と自問してみてください。

「これかな」と思ったら、まずやってみることです。

不満を抱く時とは、実はチャンスでもあるのです。

自分の中の叡智が、「変え時だよ」と教えてくれています。

しかし、愚痴や不満を漏らすだけで終わっているのでは、そのチャンスを見つける気さえ失っている状態です。すると、内なる叡智も「この肉体に話しかけても、聞いてくれないな」と諦めてしまいます。

不満がある今のまま、同じことを続けていても、結果が変わるわけがありません。

「不満は変え時。チャンスだ」と覚えていてください。

一つ、行動力について、興味深い経験をしたことがあります。

私が登壇した70人ほどのオープンセミナーでのことです。

オープニングに、アイスブレイク（参加者同士の緊張をほぐすために使う手法）の目的で、私自身の近況を「今、事務作業に追われていまして……」と少しだけお話ししました。

そしてセミナー終了後に、アンケート用紙を回収しました。

そのアンケートの中には、「お金がもっと欲しい」「年収を上げたい」など、「今抱えているお金の問題を解決するセミナーを開催してほしい」という主旨の回答がいくつかありましたが、２名の方が、

「事務作業、お手伝いできますよ。いつでもおっしゃってください」

「割と事務作業は好きで、慣れています。セミナーもお手伝いしたいです」

と書かれていました。

共に女性ですが、職業欄を見ると、忙しいはずの経営者と会社役員の方でした。

このことからわかることは、**仕事がある人が更に仕事をする**ということです。

行動力によって、仕事とお金を掴むチャンスが違ってきます。

「仕事がない」「お金がない」と不満を漏らしている間に、行動力のある人が仕事を持って行ってしまっているとしたら……。

厳しいようですが、チャンスをつかむも逃すも、自己責任です。

人生には避けられない不運が襲う時があります。

それでも、タフでいることを諦めず、今できることを自問して行動することです。

そして、不運の後ろにいるチャンスを決して見落とさないようにしてください。

まとめ

不満があるときは、内なる叡智が、「変え時だよ」と教えてくれているチャンスです。

おわりに　自分を拠りどころに生きる

本書を執筆していた2020年春から初夏の期間は、新型コロナウィルス感染症（COVID-19）の世界的流行が起こり、8月の今もなお、終息していません。数カ月先の自分が何を選択しどこにいるのか、予測できない人もいらっしゃるでしょう。

そんな中で、「本書が読者に寄り添った内容になっただろうか」という思いが、全くの杞憂に終わることを願いつつ、このおわりにを書いています。

しかしながら皮肉にも、今ほど本書でご紹介した「オーラの浄化法」の効果に、信頼と確信を強めたこと、そして、一人でも多くの方に「オーラの中から恐怖のエネルギーを消去してほしい」と願ったことは、ありません。

時代の過渡期は情報が錯綜し、何が正しい判断なのか、何が自分の人生にとって幸せな選択に繋がるのか、迷いや不安が大きくなるのが当然です。

とはいえ、長くストレスを感じていては、免疫力を下げるだけです。

そんな時、エネルギーワークができると何がいいのでしょうか？


非常時の最中、オーラを浄化するワークを実践している、ゼミ会員さんやセッションのリピーター様たちから、

「オーラの浄化法を知っていて良かった。何も困ったことは起きていないし、何よりも落ち着いた気持ちで過ごせています」

という声をたくさんいただきました。

これは、浄化されたオーラの状態が、現実にも現れているということ。

つまり、どんな時でもエネルギーワークでオーラの状態を望む人生に合わせれば、自分を拠りどころにして、しっかりと現実を生きられるのです。

これは、もちろん本書を読んでくださったあなたにもできます。

オーラを先に自分の望んだエネルギー状態にすれば、人生はそれを忠実に投影して

くれます。言うなれば、自分の人生を自分が創っている人になれるのです。

それは、どんなに世界が混沌としていても、自分を拠りどころにして生きている人だと言えるでしょう。

本書を参考に、どうかオーラの状態を「望む人生」に合わせ、ご自身の未来を創造していってください。


最後になりましたが、いつも会いにきてくださるお客様に感謝申し上げます。皆様の笑顔とご活躍に私の方が勇気をいただいています。ありがとうございます。

また、今回執筆のお声をかけてくださった編集者の時奈津子さん、ご指導いただきまして、ありがとうございました。

そして、私が使命に向かい続けられるように、常に愛情深いサポートをくれるスタッフにも、心からのありがとうを。

井上真由美

内なる叡智があふれ出す
オーラに刻《きざ》まれた「人生《じんせい》の書《しょ》」

2020年9月30日　初版発行

著　者……井上真由美《いのうえまゆみ》
発行者……大和謙二
発行所……株式会社大和出版
東京都文京区音羽1-26-11　〒112-0013
電話　営業部03-5978-8121／編集部03-5978-8131
http://www.daiwashuppan.com
印刷所／製本所……日経印刷株式会社

ISBN978-4-8047-6356-9

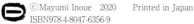